국가직무능력표준
National Competency Standards

전산회계운용사 대비

회계원리
입문편

정호주 저

파스칼미디어
www.pascal21.co.kr

【 저자 소개 】

정호주 – 단국대학교 경영대학원 회계학과 4학기 수료
　　　 – 성결대학교 주최 전국정보과학경시대회(전산회계부문) 출제위원 역임
　　　 – 대한상공회의소 하계직무연수 초빙강사 역임
　　　 – 전산회계운용사 대비 회계원리 입문편, 3급, 2급 필기 및 실기(sPLUS 및 CAMP sERP) 수험서
　　　 – 전산회계운용사 대비 원가회계 2급 필기 수험서
　　　 – 한국세무사회, 한국공인회계사회 공통 대비 회계원리 입문편
　　　 – 한국세무사회 대비 전산회계 1급, 2급 이론 및 실기 수험서
　　　 – 대입수능 회계원리 기본서
　　　 – 2009 개정 교육과정 인정교과서 '회계정보처리시스템' (CAMP sERP)
　　　 – 2015 개정 교육과정 인정교과서 '회계원리'
　　　 – 2015 개정 교육과정 인정교과서 '회계정보처리시스템' (sPLUS)

2022 전산회계운용사 대비
회계원리 입문편

- **발행일** 2022년 1월 3일 26판 1쇄 발행
- **지은이** 정호주
- **펴낸이** 고봉식
- **펴낸곳** 파스칼미디어
- **등록번호** 제301-2012-102호
- **홈페이지** www.pascal21.co.kr
- **편집·디자인** 전정희
- **주소** 서울특별시 중구 마른내로4길 28
- **전화** 02-2266-0613
- **팩스** 02-332-8598
- **ISBN** 979-11-6103-079-1
- **내용문의** 010-3820-4237

"God bless you"

2022년 최신판을 내면서 ......

1997년에 본 서가 출판된 후 올해로 26판을 출간하게 되었다. 그 동안 여러 교육기관의 선생님들과 독자 여러분의 성원에 깊은 감사를 드린다.

고용노동부에서는 전산회계운용사 1급을 과정평가형 국가기술자격제도에 전산회계운용사 2급, 3급에 이어 추가로 선정하였다고 발표하였다. 따라서 회계원리 과목과 한국채택국제회계기준에 대한 중요성이 더욱 높아지고 있으며, 차후 공무원과 공기업 그리고 대기업에 취업을 희망하는 분들께서는 전산회계운용사 자격증이 필수적이다. 과정평가형 자격제도에 대하여 알고자 하시는 분들은 파스칼미디어 홈페이지 (www.pascal21.co.kr) [자료실]-[학습자료] 코너에 게시된 내용을 다운받아서 참고하시기 바란다.

또한 최신판에서는 각 영역마다 개발 완료된 국가직무능력표준(NCS)의 학습 모듈을 표시하여 학습한 내용을 자가 진단할 수 있도록 구성하였다.

사람이 살아가기 위해서는 음식과 옷, 집과 같은 것이 필요한데 이를 물질 혹은 재산이라고 하며, 자원(resources)이라고도 부른다. 이와 같은 재산은 일반적으로 화폐, 즉 돈으로 표시하고 있다. 우리 사회는 여러 부문에서 돈에 대한 계산을 한다. "돈 계산은 왜 하고 살아가는 것일까?" 예를 들어, 만약 여러분이 학교를 졸업한 후 동창모임의 총무를 맡아 동창생들로부터 회비를 받아서 동창 모임에 식사대금도 지출하고 모교에 장학금도 전달했다고 하자. 그런데 이러한 동창모임에 대한 수입과 지출을 기록하지 않아 정기적인 동창모임 때 돈에 대한 보고를 하지 않으면 어떻게 될까? 총무로서의 책임은 동창모임에 대한 돈의 흐름을 정확하게 계산하여 보고하는 것이다. 이처럼 자기에게 맡겨진 돈의 흐름에 대한 계산을 명확히 해서 알려주는 책임을 수탁 책임(stewardship)이라고 하며 이 수탁 책임을 성실히 수행하기 위해서 회계 기록이 필요한 것이다.

일반적으로 돈의 흐름에 대한 계산을 정확히 하기 위해서는 먼저 돈의 흐름에 대한 기록을 해야 한다. 돈의 흐름이 간단한 것일 경우에는 기록을 하지 않고 머리로 기억을 해서 계산할 수 있지만, 돈의 흐름이 많아지면 머리로 기억하기가 쉽지 않고 정확하지도 않아 장부에 기록을 해두어야 한다. 이처럼 재산의 변동을 돈의 흐름으로 측정하여 이를 기록하고 보고하는 시스템을 회계(accounting)라고 한다.

아무쪼록 회계 원리 과목을 처음 대하는 수험생들께서 본 서를 통하여 회계 원리 과목에 자신감이 생기고, 처음 품었던 그 소망이 꼭 이루어질 것을 확신한다.

2022년 1월

양화진 언덕에서 한강을 바라보며

저자 정호주 씀

C·O·N·T·E·N·T·S ...... 차례

준비하는 자에게 길은 열린다...

인간은 누구나 성공하고 행복하기를 원한다. 그러나 소수만이 성공하고 만족하는 이유는 모든 사람들이 불가능한 일을 계획하고 실천하지 못할 때 성공한 이들은 가능한 작은 일들을 계획하고 그것을 실천에 옮기기 때문이다.

자격증 과목 안내

전산회계운용사, 전산회계·AT자격시험

회계란? 기업을 경영함에 있어서 재화의 변동 사항을 기록·계산 정리하여 그 정보를 여러 이해관계자들에게 제공하고, 장래의 경영 방침을 세우는 역할을 하는 것으로 대부분의 기업체는 과거 수기식 장부 작성을 탈피하고, 회계 처리 업무를 전산화 함에 따라 전산회계 프로그램을 이용하여 기업체 등의 기초적인 기장 업무 및 자금 관리, 세무 등 회계처리업무를 담당하는 전문인력을 요구하고 있다. 그러므로 정부에서는 2000년 3월부터 전산회계운용사라는 명칭으로 국가기술자격검정으로 실시해 오고 있으며, 2002년부터는 국가공인민간자격시험으로 한국세무사회의 전산세무회계 자격시험과 2016년부터는 한국공인회계사회의 FAT, TAT자격시험을 실시하고 있다.

ERP 정보관리사

ERP는 Enterprise Resource Planning의 약자로서 '전사적 자원관리'라고 한다. 과거의 기업정보시스템은 회계·구매·생산·판매시스템 등으로 그 기능이 각각 분산되어 있어 각각의 정보가 다른 부문에 동시에 연결이 되어 있지 않아 데이터의 이동에 시간과 노력이 많이 소요되어 불편과 낭비가 초래되었다. 이러한 문제를 해결하기 위하여 기업내에 분산된 모든 시스템을 효율적으로 통합, 관리해 줄 수 있는 부서간 통합시스템을 ERP라고 하는 것이다.

ERP정보관리사는 현재 한국생산성본부에서 국가공인민간자격시험으로 시행되고 있으며, 기업 경영에 있어 투명성을 갖추는 데에 탁월한 효과를 발휘하고 있어 각 기업들이 ERP를 도입하였으므로 장차 이에 따른 많은 수요가 발생할 것으로 예상되는 자격시험이다.

워드프로세서

컴퓨터 보급이 급격히 확대됨에 따라 컴퓨터를 조작해야 할 오퍼레이터의 수요도 크게 증가하기에 이르렀고, 일반적으로 컴퓨터 이용자의 60%가 워드프로세서를 사용하기 위한 것이라는 통계가 말해 주듯이, 오늘날 워드프로세서 조작 능력을 갖추는 것은 자동차, 회화와 더불어 현대인에게 필수적인 3C를 갖추는 것으로서도 시급한 과제라 아니할 수 없다. 그리하여 정부에서는 93년도부터 워드프로세서 자격검정을 실시하고 있으며, 일반 회사에서도 그동안 상업계 학생 선발시 전산회계 급수뿐만 아니라 워드프로세서 자격증까지도 요구하게 되었다.

NCS 기반 - 과정평가형 국가기술자격제도

과정평가형 국가기술자격제도란 국가직무능력표준(NCS)으로 설계된 교육·훈련 과정을 체계적으로 이수하고 내·외부 평가를 거쳐 취득하는 국가기술자격제도를 말하는 것으로 정부에서는 2014년 5월에 산업 현장 일 중심으로 직업교육·훈련과 자격의 유기적 연계 강화로 현장 맞춤형 우수 기술 인력 배출을 위해 도입한 제도이며, 전산회계운용사는 2017년 7월에 3급을, 2018년 8월에 2급을, 2019년 8월에 1급을 과정평가형으로 선정되었다. 따라서 장차 공기업이나 대기업에 취업을 희망하는 경우에는 가장 중요하고 필수적인 자격증이다.

컴퓨터활용능력

앞서의 워드프로세서는 컴퓨터를 이용한 문서 작성을 위한 것이라면, 컴퓨터에 관한 일반상식 등 컴퓨터 활용에 관한 전반적인 실행 능력 및 업무 추진, 숙련 기능을 측정하는 과목으로서 정부에서는 99년 4월부터 국가기술자격검정으로 실시하고 있다. 그러므로, 본 과목은 일반 기업체의 취직 및 대학 진학시에도 분명 우대 받을 유망 자격증 중의 하나이다.

정보처리기능사

컴퓨터가 모든 분야에서 차지하는 비율이 점차 증가함에 따라 정책적으로 각 분야에 응용, 발전을 위해 국가적으로 지원하고 있으며, 첨단과학 기술의 핵심으로서 현재 고도의 기술 인력을 투입하고 있다. 이러한 컴퓨터 정보 산업에 종사하는 전문적인 기술인력을 양성하기 위한 제도로서 정보 처리 기능사, 기사 제도를 신설하여 시행해 오고 있다. 기사시험의 응시 자격은 제한되어 있으나 고등학생들에게는 기능사 시험에 응시 자격을 부여하고 있어 전망이 밝다.

ITQ(정보기술자격)시험

ITQ는 Information Technology Qualification의 약자로 정보화시대의 기업, 기관, 단체, 구성원들에 대한 정보기술능력 또는 정보기술활용능력을 객관적으로 평가하는 국가공인민간자격시험으로 한국생산성본부에서 시행하고 있다. 기업체 및 공공단체의 신입사원 채용시 ITQ자격증 소지자 우대 및 내부 승진시 인사고과 자료로 활용될 전망이다.

Chapter 01 회계의 기본 개념

1. 회계의 기본 원리
2. 기업의 재무상태
3. 수익·비용·포괄손익계산서
4. 기업의 손익계산
※ 국가직무능력표준(NCS) 직업기초능력평가문제

　　회계를 넓게 정의하면 한 기업체의 모든 경제 활동을 화폐 단위로 계량화하여 재무상태 및 경영성과 등을 측정·인식·요약하여 유용한 회계 정보를 만들어 주주, 채권자, 경영진 등의 회계정보이용자들에게 유용한 정보를 제공하는 것이다.

　　우리는 흔히 어떤 사람이 경제적으로 얼마만큼 안정되어 있는지를 알고 싶을 때 "그 사람 부자야?" 혹은 "그 사람 재산이 얼마나 되지?"라고 묻는데 이러한 질문은 바로 그 사람의 재무상태를 묻는 것이고, 이러한 재무상태를 기업에서는 재무상태표를 작성하여 나타낸다. 또한, 지난 한 해 동안 열심히 노력하여 경제적으로 좋은 성과를 얻었다는 사실을 자랑하고자 할 때, "나 작년에 얼마 벌었어" 혹은 "나는 작년에 이러저러한 방법으로 꽤 사업에 재미를 보았지" 하는 식으로 표현을 하는데, 이러한 경영성과를 기업에서는 포괄손익계산서를 작성하여 나타낸다.

　　이 영역에서는 회계의 기본 개념과 회계의 분류 및 회계의 사회적 역할을 학습하고, 기업의 재무상태를 나타내는 자산·부채·자본의 종류와 재무상태표의 작성 그리고 기업의 경영성과를 나타내는 수익과 비용의 종류와 포괄손익계산서의 작성을 통하여 기업의 손익 계산에 대하여 학습하기로 한다.

회계 Insight

필자가 우리나라에서 지구 반대편에 있는 볼리비아의 광산에 대한 재무 타당성 분석을 위해 출장을 갔을 때의 일이다. 직항편이 없어 비행기를 네 번이나 환승하여 겨우 도착해서 매우 피곤한 상태였다. 그런데 하필 도착한 날 볼리비아의 정국이 어수선한 상태이어서 처음 입국하는 외국인들에 대한 입국 절차가 매우 까다로웠다.

보안 담당 직원이 입국 목적에 대해서 이것 저것 묻기에 직업이 회계사라고 했더니, 갑자기 종이에 무엇인가를 쓰고는 답을 하면 바로 보내주겠다고 했다.

그가 쓴 질문은 이것이었다.

> Asset = ? + ?

왼쪽 질문에 대한 답을 'Asset(자산) = Liability(부채) + Capital(자본)'이라고 쓰고 나니, 보안 담당 직원은 흐뭇한 미소로 출입허가 도장을 찍어 주었다. 아마도 그가 기본 회계 상식을 좀 배웠는데, 그것으로 내 직업을 검증했다는 사실을 즐거워 했던 것 같다. 이 처럼 비즈니스의 세계적 공용어인 회계는 지구 반대편 볼리비아에서도 통한다. 어쩌면 여러분도 위 질문에 답할 수 있어야 볼리비아에 출입할 수 있을지도 모를 일이다.

출처 : 〈지금 당장 회계 공부 시작하라〉 - 강대준, 신흥철 저 (한빛비즈) -

Accounting Principle

01 회계의 기본 원리

01 회계(accounting)의 뜻과 목적

(1) 회계의 뜻 : 회계는 기업의 경영 활동으로 인하여 발생하는 현금·상품·채권·채무 등의 증감 변화를 일정한 원리에 따라 기록·계산·정리하여 얻어진 유용한 회계 정보를 기업의 모든 회계 정보 이용자들에게 전달하는 과정이다.

Tip

1. **회계의 주체** ... 기업
2. **회계의 대상** ... 재산(현금, 상품, 채권, 채무 등) 및 자본
3. **의사 결정** ... 장차 일어나리라고 생각되는 여러가지 상황에서 목표 달성을 위한 최선의 대안을 선택하는 과정이다.(경영자는 장차 경영 방침의 수립, 투자자는 투자 계획의 수립 등)

(2) 회계의 목적 :

① 회계 정보 이용자의 합리적인 의사 결정에 유용한 정보를 제공한다.
② 기업의 미래 현금 창출 능력에 대한 정보를 제공한다.
③ 기업의 재무상태, 경영성과, 현금흐름 및 자본의 변동에 관한 정보를 제공한다.
④ 그 밖에 회계는 경영자에게 미래 기업의 효율적인 경영 방침을 수립하는데 정보를 제공하기도 하고, 정부 기관에는 세금을 부과하기 위한 과세 표준을 수립하는데 유용한 정보를 제공하는 목적이 있다.

02 회계 정보 이용자

[NCS 연결고리]

능력 단위	이해관계자 관리 (0201010109_13v1)	능력 단위 요소 (수준)	투자자 관리하기(0201010109_13v1.1) (3수준)
			협력사 관리하기(0201010109_13v1.2) (3수준)
영역과의 관계	기업의 이해관계자인 회계 정보 이용자를 파악하고 관리하는 데 도움이 될 것이다.		

기업의 다양한 회계 정보 이용자에는 투자자(주주), 채권자, 경영자, 정부기관, 종업원 및 일반대중 등이 있으며, 이들은 기업과 재무적으로 이해 관계에 있으므로 기업으로부터 얻으려고 하는 회계 정보는 정보 이용자마다 서로 다르다. 회계 정보 이용자는 내부 정보 이용자(경영자, 종업원)와 외부 정보 이용자(투자자, 채권자 등)로 나눌 수 있다.

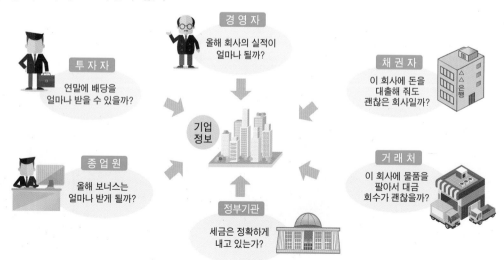

능력 단위 요소	이해관계자 관리 (0201010109_13v1) (4수준)			
자가 진단 내용	나는 기업의 회계 정보의 목적에 따라 회계 정보 이용자를 판단하고 관리할 수 있다.			
문항 평가	매우 미흡 ①	미흡 ②	보통 ③	우수 ④	매우 우수 ⑤

03 부기의 뜻과 종류

【 NCS 연결고리 】

능력 단위	비영리회계 (0203020109_14v2)	능력 단위 요소 (수준)	비영리 대상 판단하기(0203020109_14v2.1)(4수준)
영역과의 관계	비영리조직의 회계 보고를 위하여 비영리 대상을 파악하는데 도움이 될 것이다.		

(1) 부기(book-keeping)의 뜻

부기란, '장부에 기입한다'를 줄인 말로서 기업이 소유하는 재산 및 자본의 증감 변화를 일정한 원리원칙에 따라 장부에 기록·계산·정리하여 그 원인과 결과를 명백히 밝히는 것을 말한다.

(2) 기록·계산하는 방법에 따른 분류

① 단식부기 : 일정한 원리원칙이 없이 단순한 수준인 개인 상점의 현금출납장이나 가정의 가계부 등과 같이 손익의 계산이 필요없는 곳에서 적용하는 불완전 부기 방법이다.

② 복식부기 : 일정한 원리원칙에 따라 재화의 증감은 물론 손익의 발생을 조직적으로 기록·계산하는 완전한 장부기입 방법으로서 대부분의 기업들이 적용하는 정규의 부기 방법이다.

(3) 이용자의 영리성 유·무에 따른 분류

① 영리부기 : 영리를 목적으로 하는 기업에서 사용하는 회계를 말하며 상업부기, 공업부기(원가회계), 은행부기, 건설업부기 등이 이에 속한다.

② 비영리부기 : 영리를 목적으로 하지 않는 가계나 학교, 관공서 등에서 사용하는 부기를 말하며 가계부, 학교부기, 정부관청부기, 재단부기 등이 이에 속한다.

능력 단위 요소	비영리 대상 판단하기 (0203020109_14v2.1) (4수준)			
자가 진단 내용	나는 비영리조직에 관한 일반적 정의에 의거하여 비영리조직 여부를 판단할 수 있다.			
문항 평가	매우 미흡 ①	미흡 ②	보통 ③	우수 ④	매우 우수 ⑤

04 복식부기의 발달 과정

(1) 13세기경 이탈리아 상업도시 베니스, 피렌체, 제노아 등에서 금전 대·차 및 물자공급 관리수단으로 사용하던 장부기록 방법이 그 기원이다.

(2) **복식부기의 최초 소개** : 1494년 이탈리아의 상업도시 베니스에서 수도승이자 수학자인 루카 파치올리(Lucas pacioli)가 저술한 '산술·기하·비 및 비율총람(summa)' 중의 제2부 '기록·계산에 대하여'라는 부분에서 최초로 소개되었다.

(3) 우리나라는 이보다 앞서 12세기경 고려시대 말엽부터 조선시대까지 개성상인들이 창안한 '사개송도 치부법'이라는 송도부기가 있었으나, 구한말 서양부기의 도입으로 계승 발전이 되지 못하였다.

Tip

▶ 루카 파치올리는 기업인이 성공하는 3가지 조건을 제시하였는데 충분한 현금과 신용, 우수한 경리인 그리고, 기업의 모든 거래를 단번에 파악할 수 있는 회계제도를 들었으며, 그가 저술한 책의 첫머리에 "신의 이름으로"라고 표시하여 진실한 장부기록의 중요성을 강조하였다.

05 회계 정보 이용자의 이용 목적에 따른 회계의 분류

(1) **재무회계(financial accounting)** : 기업의 외부 정보 이용자인 투자자나 채권자 등에게 경제적 의사 결정에 유용한 정보를 제공하는 것을 목적으로 하는 회계이다.

(2) **관리회계(managerial accounting)** : 기업의 내부 정보 이용자인 경영진에게 관리적 의사 결정에 유용한 정보를 제공하는 것을 목적으로 하는 회계이다.

(3) **세무회계(tax accounting)** : 기업의 외부 정보 이용자인 세무관서에 일정 기간 기업의 과세 소득을 기준으로 납부할 세금을 산출하는데 필요한 정보를 제공하는 것을 목적으로 하는 회계이다.

06 회계의 역할

Tip

(1) 회계는 기업의 정보 이용자인 투자자와 채권자들이 보유하고 있는 희소한 경제적 자원(economic resources)의 배분과 관련된 유용한 정보를 제공하여 합리적인 의사 결정을 하는데 공헌한다.

(2) 주식회사는 소유자인 주주와 전문경영진이 분리되어 있다. 이에 경영진은 주주나 채권자로부터 받은 재산을 효율적으로 관리·운용하고 보고하는 책임을 수탁 책임이라 하고, 이를 회계의 수탁 책임 보고의 기능이라고 한다.

▶ **수탁 책임**
수탁자란 재산이나 업무를 떠맡는 사람을 말하고 위탁자란 맡기는 사람 또는 업체를 말한다. 따라서 수탁 책임이란 위탁자로부터 위탁된 자금 또는 재산을 관리 운용한 결과를 전달하는 관리 책임을 말하는 것이다.

(3) 그 밖에 세무 당국의 과세 결정을 위하거나, 노사간의 임금 협약 및 국가 정책 수립 등 사회적 통제의 합리화에 많이 활용되고 있다.

07 회계 단위(會計 單位 : accounting unit)

기업이 소유하고 있는 현금·물품·채권·채무 등의 증감 변화를 기록·계산하기 위한 장소적 범위를 회계 단위라고 말한다. 예를 들면, 본점과 지점, 본사와 공장으로 분리하여 기록·계산할 수 있다.

08 회계 연도(會計 年度 : fiscal year F/Y)

기업은 설립과 동시에 경영 활동이 무한히 계속되므로 그 기간 전체에 대한 경영성과를 파악하기가 어렵다. 따라서 인위적으로 6개월 또는 1년으로 기간적 범위를 설정하여야 하는데, 이 때 설정하는 기간을 회계 연도 또는 회계 기간(보고 기간)이라 한다.

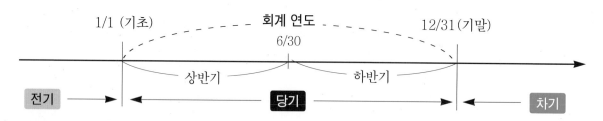

플러스Tip
1. 현행 상법에서는 회계 연도는 1년을 초과하지 못하며, 1년에 한번이상(6개월, 1년 등) 결산을 하도록 규정하고 있다. 단, 회계 기간(보고 기간)의 설정은 반드시 1월 1일부터 12월 31일까지로 할 필요는 없다.
2. • **기초(期初)** : 회계 연도가 처음 시작하는 날   • **기말(期末)** : 회계 연도가 끝나는 날
   • **전기(前期)** : 앞 회계 연도   • **당기(當期)** : 현재 회계 연도
   • **차기(次期)** : 다음 회계 연도   • **전기이월(前期移越)** : 전기에서 당기로 넘어오다.
   • **차기이월(次期移越)** : 당기에서 차기로 넘어가다.

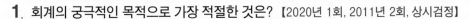

기출 확인 문제

1. 회계의 궁극적인 목적으로 가장 적절한 것은? 【2020년 1회, 2011년 2회, 상시검정】

① 채권자들에게 과세 결정의 기초 자료를 제공한다.
② 기업의 모든 이해관계자들이 합리적인 의사결정을 할 수 있도록 유용한 회계정보를 제공한다.
③ 경영자에게 기업의 수익성과 지급 능력을 측정하는 데 필요한 기준 정보를 제공한다.
④ 투자자들에게 경영 방침 및 경영 계획 수립을 위한 자료를 제공한다.

2. 회계 정보 이용자 중 내부 이용자에 해당하는 것은? 【2017년 1회, 2015년 1회, 상시검정】

① 채권자   ② 경영자   ③ 주주   ④ 정부

3. 재무회계 정보를 통해 경제적 의사 결정을 하는 기업의 외부 정보 이용자로 옳지 않은 것은? 【2017년 3회】

① 경영자   ② 소비자   ③ 채권자   ④ 투자자

4. 회계의 역할에 대한 설명으로 옳지 않은 것은? 【2017년 1회, 상시검정】

① 회계 거래를 기록, 계산하여 유용한 정보로 정리한다.
② 기업의 사회적 책임 수행 정도를 평가하는 기능이 있다.
③ 경영자의 능력을 평가할 수 있는 비계량적 정보를 제공한다.
④ 회계 정보를 이해관계자의 이용 목적에 따라 효과적으로 제공한다.

5. 회계 정보 이용자의 이용 목적에 따라 회계를 분류할 때 밑줄 친 ㉠과 ㉡에 해당하는 회계의 분류로 옳은 것은? 【2017년 2회】

> ### 회계 정보 활용에 관한 보고서
>
> 이해 관계자에 따라 다양한 회계 정보가 제공되고 활용된다. 예를 들면 **㉠ 기업에 투자를 하고자 하는 외부 투자자에게 회계 정보를 제공**하거나 **㉡ 기업의 성장과 발전을 도모하고자 경영자에게 경영의 계획과 통제를 위한 회계 정보를 제공**하기도 한다. (생략)

① ㉠ 관리회계 ㉡ 세무회계   ② ㉠ 관리회계 ㉡ 재무회계
③ ㉠ 세무회계 ㉡ 관리회계   ④ ㉠ 재무회계 ㉡ 관리회계

6. 기업의 재무상태와 경영성과를 파악하기 위해 인위적으로 구분하여 정해 놓은 시간적 범위를 무엇이라고 하는가? 【2019년 1회, 2012년 2회, 상시검정】

① 회계단위   ② 회계기간   ③ 계정과목   ④ 계정계좌

기 본 연 습 문 제

01 다음 ( )안에 알맞은 용어를 써 넣으시오.

(1) 회계의 궁극적인 목적은 기업의 경영 활동에서 발생하는 거래를 기록·분류·요약하여 기업의 모든 이해 관계자에게 합리적인 의사 결정을 위한 유용한 ( )를 제공하는 것이다.

(2) 회계는 회계 정보 이용자들을 기준으로 분류하며 외부 보고 목적인 ( ) 및 세무회계의 내부 보고 목적인 ( )로 나눈다.

(3) 부기는 기록·계산 방법에 따라 ( )와 ( )로 나누어지며, 또한 이용자의 영리성 유·무에 따라 ( )와 ( )로 나누어진다.

(4) 자산·부채·자본의 증감 변화를 기록·계산하는 장소적 범위를 ( )라 하고, 기업의 재무상태와 재무성과를 파악하기 위하여 인위적으로 설정한 기간적 범위를 ( ) 또는 회계 기간(보고기간)이라 한다.

(5) 회계의 역할은 경제적 자원의 효율적 ( ) 및 ( ) 책임에 관한 보고와 그 밖의 사회적 통제의 합리화에 공헌한다.

02 다음 중 영리부기에는 '영', 비영리부기에는 '비'를 ( )안에 써 넣으시오.

(1) 학 교 부 기 ( )   (2) 은 행 부 기 ( )   (3) 관 청 부 기 ( )   (4) 공 업 부 기 ( )
(5) 상 업 부 기 ( )   (6) 건설업부기 ( )   (7) 가 계 부 ( )   (8) 광 업 부 기 ( )
(9) 수산업부기 ( )   (10) 재 단 부 기 ( )   (11) 농 업 부 기 ( )   (12) 보험업부기 ( )

03 다음 보기에서 아래의 설명에 해당하는 용어의 기호를 ( )안에 써 넣으시오.

보기				
ⓐ 전기이월	ⓑ 당기	ⓒ 기초	ⓓ 차기	ⓔ 회계연도
ⓕ 회계단위	ⓖ 기말	ⓗ 전기	ⓘ 복식부기	ⓙ 차기이월
ⓚ 영리부기	ⓛ 전월이월	ⓜ 루카 파치올리	ⓝ 차월이월	

(1) 회계 연도가 시작하는 날 ··············· ( )   (2) 회계 연도가 끝나는 날 ··············· ( )
(3) 앞의 회계 연도 ··············· ( )   (4) 현재 회계 연도 ··············· ( )
(5) 다음 회계 연도 ··············· ( )   (6) 장부에 기록하는 장소적 범위 ·········· ( )
(7) 장부에 기록하는 시간적 범위 ·········· ( )   (8) 앞의 회계 연도에서 넘어오다 ·········· ( )
(9) 다음 회계 연도로 넘어가다 ·········· ( )   (10) 앞달에서 이번달로 넘어오다 ·········· ( )
(11) 이번달에서 다음달로 넘어가다 ·········· ( )   (12) 세계 최초로 복식부기를 소개한 사람 ··· ( )

02 기업의 재무 상태

01 자산(資産 : assets)

기업이 경영 활동을 위하여 소유하고 있는 각종 재화나 채권을 말하며, 적극적 재산 또는 지분이라고도 한다.

플러스Tip
1. 재화 : 기업이 소유하는 돈이나 물품으로서 현금·상품·토지·건물·차량운반구 등을 말한다.
2. 채권 : 기업이 타인으로 부터 돈을 받을 권리로서 외상매출금이나 현금을 빌려준 경우의 대여금 등을 말한다.
3. 자산은 1년기준(현금화 할 수 있는 기간)에 의하여 유동자산과 비유동자산으로 나누어진다.

과 목	내 용
현 금	한국은행에서 발행한 지폐와 주화, 통화대용증권(자기앞수표 등)
당 좌 예 금	당좌수표를 발행할 목적으로 은행에 돈을 예입한 것
현금 및 현금성자산	현금과 당좌예금·보통예금을 합한 것
단 기 금 융 상 품	만기가 1년 이내의 정기예금·정기적금을 가입한 것
당기손익-공정가치측정금융자산	증권회사에서 단기시세차익을 목적으로 유가증권(주식 등)을 구입한 경우
단 기 대 여 금	현금을 타인에게 빌려주고, 차용증서를 받은 경우(1년이내 회수하는 조건)
단 기 금 융 자 산	단기금융상품과 당기손익－공정가치측정금융자산, 단기대여금을 통합한 것
외 상 매 출 금	상품을 매출하고, 대금을 외상으로 한 경우
받 을 어 음	상품을 매출하고, 대금을 약속어음으로 받은 경우
매 출 채 권	외상매출금과 받을어음을 합한 것
미 수 금	상품이 아닌 물건(토지, 건물 등)을 매각처분하고, 대금을 나중에 받기로 한 경우
선 급 금	상품을 매입하기로 하고, 계약금으로 상품대금의 일부를 미리 지급한 금액
상 품	판매를 목적으로 외부로부터 매입한 물품(백화점의 물품)
장 기 대 여 금	장기간(회수기간이 1년 이상) 동안 현금을 빌려준 경우
토 지	영업용으로 사용하기 위해 땅을 구입한 것(운동장, 주차장 등)
건 물	영업용으로 사용하기 위해 사무실, 창고, 기숙사, 점포 등을 구입한 것
차 량 운 반 구	영업용으로 사용하기 위해 트럭, 승용차, 오토바이 등을 구입한 것
비 품	영업용으로 사용하기 위해 책상, 의자, 금고, 응접세트, 컴퓨터 등을 구입한 것

02 부채(負債 : liabilities)

기업이 장래에 타인에게 일정한 금액을 갚아야 할 채무(빚)를 말하며, 소극적재산 또는 채권자지분(채권자청구권)이라고도 하며, 1년을 기준으로 유동부채와 비유동부채로 구분한다.

과 목	내 용
단 기 차 입 금	타인으로부터 현금을 빌리고, 차용증서를 써 준 경우(1년이내 갚는 조건)
외 상 매 입 금	상품을 매입하고, 대금은 외상으로 한 경우
지 급 어 음	상품을 매입하고, 대금은 약속어음을 발행한 경우
매 입 채 무	외상매입금과 지급어음을 합한 것
미 지 급 금	상품이 아닌 물건(토지, 건물 등)을 구입하고, 대금은 나중에 주기로 한 경우
선 수 금	상품을 매출하기로 하고, 계약금으로 상품대금의 일부를 미리 받은 금액
장 기 차 입 금	차용증서를 써 주고 장기간(갚는 기간이 1년 이상)동안 현금을 빌린 경우

03 자본(資本 : capital)

기업의 자산 총액에서 부채 총액을 차감한 잔액으로 자본 또는 순자산(소유주지분, 잔여지분, 주주지분)이라고도 한다. 이 관계를 등식으로 표시하면 자본등식이 된다.

$$\text{자 본 등 식} \cdots\cdots\cdots \quad \text{자산} - \text{부채} = \text{자본}$$

04 재무상태표(statement of financial position)

재무상태표란 일정 시점에 있어서 기업의 재무상태를 나타내는 보고서를 말한다.

【 NCS 연결고리 】

능력 단위	결산 관리 (0203020104_14v2)	능력 단위 요소 (수준)	재무제표 작성하기(0203020104_14v2.3) (4수준)
영역과의 관계	기업 실무에 적용되는 회계 관련 규정과 회계 용어에 대한 지식 및 재무제표의 상호 연계성을 파악하고 재무제표를 작성하는데 도움이 될 것이다.		

재 무 상 태 표
대한상사
202×년 1월 1일
단위 : 원

자 산	금 액	부 채 · 자 본	금 액
현 금 및 현 금 성 자 산	1,300,000	매 입 채 무	700,000
단 기 금 융 자 산	500,000	단 기 차 입 금	300,000
매 출 채 권	1,200,000	자 본 금	4,000,000
상 품	500,000		
건 물	1,500,000		
	5,000,000		5,000,000

$$\text{재무상태표 등 식} \cdots\cdots\cdots \quad \text{자산} = \text{부채} + \text{자본}$$

플러스Tip

1. 회계에서 왼쪽을 차변(debtor : Dr)이라 하고, 오른쪽은 대변(creditor : Cr)이라 한다.
2. 현금, 당좌예금, 보통예금 등을 통합하여 '현금및현금성자산' 으로 표시한다.
3. 단기금융상품, 당기손익－공정가치측정금융자산, 단기대여금을 통합하여 '단기금융자산' 으로 표시한다. 단, 금융감독원에서 2017년 11월 16일 발표한 '표준 계정과목 체계' 는 단기금융상품, 단기대여금 등으로 개별표시하고 있다.
4. 외상매출금, 받을어음을 통합하여 매출채권으로, 외상매입금, 지급어음을 통합하여 매입채무로 표시한다.

05 자본 유지 접근법(capital maintenance approach)에 의한 당기순손익의 측정

회계 기간 초의 기초 자본과 회계 기간 말의 기말 자본을 비교하여 순이익 또는 순손실을 측정할 수 있는 방법으로서 재산법 또는 순자산접근법이라고도 한다.

$$\text{자본 유지 접근법(재산법)} \cdots \quad \begin{array}{l} \text{기말자본} - \text{기초자본} = \text{순이익} \\ \text{기초자본} - \text{기말자본} = \text{순손실} \end{array}$$

(1) 당기순이익이 발생한 경우

기초 재무상태표	
기 초 자 산 5,000,000	기초부채 1,000,000
	기 초 자 본 금 4,000,000

➡

기말 재무상태표		
기 말 자 산 6,800,000	기말부채 2,000,000	
	기 말 자 본	기 초 자 본 금 4,000,000
		당기순이익 800,000

(2) 당기순손실이 발생한 경우

기초 재무상대표	
기 초 자 산 5,000,000	기초부채 1,000,000
	기 초 자 본 금 4,000,000

➡

기말 재무상태표		
기 말 자 산 6,000,000	기말부채 2,500,000	
	기 말 자 본	기 초 자 본 금 4,000,000
		당기순손실 △500,000

기출 확인 문제

1. 일정 시점에 있어서 기업의 자산, 부채 및 자본의 금액과 구성요소를 표시하는 재무보고서로 기업이 무엇을 소유하고 있고 자금조달의 원천이 어디서 오는지를 나타내는 재무제표의 종류로 옳은 것은? 【2019년 3회, 2019년 1회 수정, 2012년 2회】

① 자본변동표　　　　② 재무상태표　　　　③ 현금흐름표　　　　④ 포괄손익계산서

2. 다음 중 재무상태표 (가)에 기입되는 계정과목으로 옳은 것은? 【2016년 3회】

재 무 상 태 표

(가)	(나)
	자본

① 보험료　　　　② 이자수익　　　　③ 지급어음　　　　④ 외상매출금

3. 다음 자료를 이용하여 자본을 계산하면 얼마인가? 【2015년 1회】

가. 매 출 채 권 ￦200	나. 현　　　금 ￦300	다. 매 입 채 무 ￦60
라. 차 입 금 400	마. 미 지 급 금 40	바. 건　　　물 2,000

① ￦1,600　　　　② ￦1,800　　　　③ ￦2,000　　　　④ ￦2,200

4. 당기순손익 외에 자본의 변동이 없다고 가정할 때, 다음 자료를 토대로 당기순손익을 계산한 금액으로 옳은 것은? 【2017년 3회】

가. 기초자산 ￦300,000	나. 기초부채 ￦200,000	다. 기말자산 ￦400,000	라. 기말부채 ￦250,000

① 순이익 ￦50,000　　　② 순손실 ￦50,000　　　③ 순이익 ￦150,000　　　④ 순손실 ￦150,000

01 다음 ( )안에 알맞은 말을 써 넣으시오.

(1) 기업이 경영 활동을 위하여 소유하고 있는 각종 ( )나 ( )을 자산이라 한다.

(2) 기업이 타인에게 금전, 재화 또는 용역 등을 장래에 제공하여야 할 채무를 ( )라 한다.

(3) 기업의 ( ) 총액에서 ( ) 총액을 차감한 잔액을 자본이라 하며, 순자산(순재산)이라 고도 한다.

(4) 복식부기에서는 장부에 기록하는 장소 중 왼쪽을 ( ), 오른쪽을 ( )이라 한다.

(5) 일정 시점에 있어서 기업의 재무상태를 나타내는 보고서를 ( )라 한다.

(6) 자본 등식은 ( ) – ( ) = ( )이다.

(7) 재무상태표 등식은 ( ) = ( ) + ( )이다.

(8) ( ) – ( ) = 기초자본, ( ) – ( ) = 기말자본

(9) 자본 유지 접근법(재산법)에 의한 순손익 측정의 방법은 다음과 같다.
　① 순이익 = ( ) – ( )
　② 순손실 = ( ) – ( )

(10) 기말 재무상태표 작성 시 차변 합계가 대변 합계 보다 많으면 당기 ( )이 발생하고, 차변 합계 가 대변 합계 보다 적으면 당기( )이 발생한다.

02 다음 과목 중 자산은 A, 부채는 L, 자본은 C로 표시하시오.

(1) 현　　　　금 ( )　　(2) 건　　　　물 ( )　　(3) 단 기 차 입 금 ( )

(4) 외 상 매 출 금 ( )　　(5) 외 상 매 입 금 ( )　　(6) 당 좌 예 금 ( )

(7) 미 　수 　금 ( )　　(8) 미 지 급 금 ( )　　(9) 상　　　　품 ( )

(10) 단 기 대 여 금 ( )　　(11) 매 출 채 권 ( )　　(12) 매 입 채 무 ( )

(13) 차 량 운 반 구 ( )　　(14) 자 본 금 ( )　　(15) 선 급 금 ( )

(16) 선 수 금 ( )　　(17) 비　　　　품 ( )　　(18) 장 기 대 여 금 ( )

(19) 보 통 예 금 ( )　　(20) 받 을 어 음 ( )　　(21) 지 급 어 음 ( )

(22) 토　　　　지 ( )　　(23) 현금및현금성자산 ( )　　(24) 단 기 금 융 상 품 ( )

03 다음 표의 ( )안에 알맞은 금액을 써 넣으시오.

No.	자 산	부 채	자 본
(1)	₩ 5,000,000	₩ 2,000,000	( )
(2)	( )	₩ 3,000,000	₩ 5,000,000
(3)	₩ 2,000,000	( )	₩ 1,500,000

04 서울상사의 자산·부채에 관한 자료는 다음과 같다. 자산총액과 부채총액 및 자본총액은 얼마인가?

현 금	₩ 500,000	당 좌 예 금	₩ 300,000	단 기 대 여 금	₩ 200,000
단 기 금 융 상 품	200,000	외 상 매 출 금	400,000	받 을 어 음	200,000
상 품	400,000	건 물	800,000	외 상 매 입 금	350,000
지 급 어 음	250,000	단 기 차 입 금	400,000		

자산총액	₩	부채총액	₩	자본총액	₩

05 남대문상사의 자산·부채에 관한 자료는 다음과 같다. 자본 등식과 재무상태표 등식을 표시하시오.

현금및현금성자산	₩ 300,000	단 기 대 여 금	₩ 100,000	단 기 금 융 상 품	₩ 150,000
매 출 채 권	450,000	상 품	200,000	비 품	300,000
매 입 채 무	250,000	단 기 차 입 금	100,000	미 지 급 금	150,000

자 본 등 식	
재무상태표등식	

06 202×년 1월 1일 한강상사의 자산·부채에 관한 자료에 의하여 재무상태표를 작성하시오.

현 금	₩ 450,000	당 좌 예 금	₩ 250,000	단 기 금 융 상 품	₩ 200,000
단 기 대 여 금	300,000	외 상 매 출 금	300,000	받 을 어 음	200,000
상 품	500,000	건 물	1,000,000	외 상 매 입 금	400,000
지 급 어 음	600,000	단 기 차 입 금	200,000	자 본 금	2,000,000

재 무 상 태 표

한강상사   202×년 1월 1일 현재   단위 : 원

자 산	금 액	부 채 · 자 본	금 액

07 남문상사의 재무상태는 다음과 같다. 재무상태표를 작성하시오. 단, 자본금은 각자 계산 할 것.

현 금	₩ 350,000	당 좌 예 금	₩ 450,000	단 기 금 융 상 품	₩ 200,000
단 기 대 여 금	400,000	외 상 매 출 금	300,000	단 기 대 여 금	200,000
상 품	300,000	건 물	1,300,000	외 상 매 입 금	250,000
지 급 어 음	150,000	단 기 차 입 금	100,000		

재 무 상 태 표

남문상사   202×년 1월 1일 현재   단위 : 원

자 산	금 액	부 채 · 자 본	금 액

08 김포상사의 다음 자산·부채에 의하여 재무상태표를 작성하시오.

현　　　　　금	₩ 500,000	당 좌 예 금	₩ 400,000	단 기 금 융 상 품	₩ 500,000
단 기 대 여 금	300,000	받 을 어 음	400,000	외 상 매 출 금	200,000
상　　　　　품	500,000	토　　　　　지	1,700,000	외 상 매 입 금	350,000
지 급 어 음	850,000	단 기 차 입 금	300,000	자 본 금	(각자계산)

재 무 상 태 표

김포상사　　　　　　　　202×년 1월 1일 현재　　　　　　　　단위 : 원

자　　　산	금　　액	부 채 · 자 본	금　　액

09 길동상사의 기초 재무상태는 다음과 같다. 재무상태표를 작성하고, 상품에 대한 금액을 구하시오.

현　　　　　금	₩ 200,000	보 통 예 금	₩ 500,000	단 기 대 여 금	₩ 1,000,000
단 기 금 융 상 품	150,000	외 상 매 출 금	700,000	받 을 어 음	100,000
상　　　　　품	(각자계산)	건　　　　　물	200,000	외 상 매 입 금	800,000
지 급 어 음	400,000	단 기 차 입 금	200,000	자 본 금	2,000,000

재 무 상 태 표

길동상사　　　　　　　　202×년 1월 1일 현재　　　　　　　　단위 : 원

자　　　산	금　　액	부 채 · 자 본	금　　액

10 마포상사의 다음 자료에 의하여 K-IFRS 표준 계정과목 체계를 기준으로 기초 재무상태표와 기말 재무상태표를 작성하시오.

【자 료 I 】 202×년 1월 1일의 재무상태

현 금	₩ 200,000	보 통 예 금	₩ 300,000	단 기 금 융 상 품	₩ 300,000
외 상 매 출 금	250,000	받 을 어 음	150,000	상 품	250,000
건 물	50,000	외 상 매 입 금	120,000	지 급 어 음	80,000
단 기 차 입 금	200,000	장 기 차 입 금	100,000		

【자 료 II 】 202×년 12월 31일의 재무상태

현 금	₩ 450,000	보 통 예 금	₩ 350,000	단 기 금 융 상 품	₩ 100,000
외 상 매 출 금	150,000	받 을 어 음	150,000	상 품	400,000
건 물	100,000	외 상 매 입 금	180,000	지 급 어 음	70,000
단 기 차 입 금	100,000	장 기 차 입 금	50,000		

재 무 상 태 표

마포상사　　　　　　202×년 1월 1일 현재　　　　　　단위 : 원

자　　산	금　　액	부 채 · 자 본	금　　액

재 무 상 태 표

마포상사　　　　　　202×년 12월 31일 현재　　　　　　단위 : 원

자　　산	금　　액	부 채 · 자 본	금　　액

명륜상사의 기초(1월 1일)와 기말(12월 31일)의 자산·부채에 관한 자료에 의하여 기말 재무상태표를 작성하고, 아래 물음에 답하시오.

【 자 료 Ⅰ 】 202×년 1월 1일의 재무상태

현 금	₩ 1,400,000	당 좌 예 금	₩ 1,200,000	단 기 금 융 상 품	₩ 300,000
단 기 대 여 금	500,000	외 상 매 출 금	1,600,000	건 물	3,000,000
외 상 매 입 금	1,000,000	단 기 차 입 금	800,000	장 기 차 입 금	1,200,000

【 자 료 Ⅱ 】 202×년 12월 31일의 재무상태

현 금	₩ 1,500,000	당 좌 예 금	₩ 800,000	단 기 금 융 상 품	₩ 500,000
단 기 대 여 금	500,000	외 상 매 출 금	2,000,000	건 물	3,000,000
외 상 매 입 금	900,000	단 기 차 입 금	600,000	장 기 차 입 금	1,000,000

재 무 상 태 표

명륜상사 202×년 12월 31일 현재 단위 : 원

자 산	금 액	부 채 · 자 본	금 액

【 물 음 】

(1) 기초 자산총액은 얼마인가? ··· (₩   )

(2) 기초 자본금은 얼마인가? ··· (₩   )

(3) 기말 자산총액은 얼마인가? ··· (₩   )

(4) 기말 자본금은 얼마인가? ··· (₩   )

(5) 당기순이익은 얼마인가? ··· (₩   )

능력 단위 요소	재무제표 작성하기 (0203020104_14v2.3) (4수준)				
자가 진단 내용	나는 회계 관련 규정에 따라 재무상태표를 작성할 수 있다.				
문항 평가	매우 미흡 ①	미흡 ②	보통 ③	우수 ④	매우 우수 ⑤

03 수익·비용·포괄손익계산서

01 **수익**(收益 : revenue)

기업의 일정 기간 동안 경영 활동의 결과로 자본의 증가를 가져오는 원인을 수익이라 한다.

과 목	내 용
상 품 매 출 이 익	상품을 원가 이상으로 매출하였을 때 생기는 이익
이 자 수 익	단기대여금 또는 은행예금에서 생기는 이자를 받으면
임 대 료	건물, 토지 등을 빌려주고, 월세 및 지대(토지 사용료)를 받으면
수 수 료 수 익	용역 등을 제공하거나 상품판매 중개역할을 하고, 수수료를 받으면
당기손익-공정가치측정금융자산처분이익	주식, 사채 등의 유가증권을 원가 이상으로 처분하였을 때【2016. 12. 28. 개정】
유 형 자 산 처 분 이 익	건물, 비품, 토지 등의 유형자산을 원가 이상으로 처분하였을 때 생기는 이익
잡 이 익	영업 활동 이외에서 생기는 금액이 적은 이익(폐품 처분 시 생긴 이익)

02 **비용**(費用 : expense)

기업의 일정 기간 동안 경영 활동의 결과로 자본의 감소를 가져오는 원인을 비용이라 한다.

과 목	내 용
상 품 매 출 손 실	상품을 원가 이하로 매출하였을 때 생기는 손실
이 자 비 용	단기차입금에 대한 이자를 지급하면
임 차 료	건물, 토지 등을 빌리고, 월세 및 지대(토지 사용료)를 지급하면
수 수 료 비 용	용역을 제공받고, 수수료를 지급한 경우(예금 이체 수수료, 장부기장료 등)
종 업 원 급 여	종업원에게 월급을 지급하면
복 리 후 생 비	종업원의 복리·후생을 위한 의료, 경조비, 회식비(식대), 야유회 비용을 지급하면
차 량 유 지 비	영업용 차량에 대한 유류대금(주유비), 주차요금, 엔진오일 교체대금 등을 지급하면
여 비 교 통 비	택시요금, 교통카드 충전비용, 시내 출장비를 지급하면
통 신 비	전화요금, 인터넷 사용료, 우편요금 등
수 도 광 열 비	수도, 전기, 가스 등에 사용되는 비용
소 모 품 비	사무용 장부, 볼펜, 복사용지 등을 구입하여 사용하면
접 대 비	거래처와 관련된 접대비(식대), 선물, 경조비(축하화환·조화) 등을 지급하면
세 금 과 공 과	재산세, 자동차세, 상공회의소회비, 적십자회비, 과태료 등을 지급하면
보 험 료	화재보험료 및 자동차보험료를 지급하면
광 고 선 전 비	상품 판매를 위하여 지급되는 TV, 신문의 광고선전비용(사원모집광고)
교 육 훈 련 비	종업원의 직무 능력 향상을 위한 교육 훈련 비용을 지급하면
운 반 비	상품 매출시 발송비, 짐꾸리기 비용을 지급하면
수 선 비	건물, 비품, 기계장치 등의 수리비를 지급하면
도 서 인 쇄 비	신문구독료, 도서 구입 대금, 명함인쇄비 등을 지급하면(잡비로 처리 가능)
당기손익-공정가치측정금융자산처분손실	주식, 사채 등의 유가증권을 원가 이하로 처분하였을 때【2016. 12. 28. 개정】
유 형 자 산 처 분 손 실	건물, 비품, 토지 등의 유형자산을 원가 이하로 처분하였을 때 생기는 손실
잡 손 실	영업 활동과 관계없이 생기는 적은 손실(도난손실)

03 포괄손익계산서 (statement of comprehensive income)

일정 기간 동안 기업의 재무성과(경영성과)를 나타내는 보고서로서, 재무성과보고서라고도 한다.

포 괄 손 익 계 산 서

마포상사   202×년 1월 1일부터 12월 31일까지   단위:원

비 용	금 액	수 익	금 액
종 업 원 급 여	60,000	상품매출이익	80,000
이 자 비 용	10,000	임 대 료	20,000
당 기 순 이 익	30,000		
	100,000		100,000

포 괄 손 익 계 산 서

마포상사   202×년 1월 1일부터 12월 31일까지   단위:원

비 용	금 액	수 익	금 액
종 업 원 급 여	90,000	상품매출이익	65,000
이 자 비 용	10,000	임 대 료	5,000
		당 기 순 손 실	30,000
	100,000		100,000

총비용 + 당기순이익 = 총수익 ⇐ 포괄손익계산서 등식 ⇒ 총비용 = 총수익 + 당기순손실

기출 확인 문제

1. 다음에서 설명하는 재무제표의 종류로 옳은 것은? 【2015년 3회】

> 일정 기간 동안 기업의 경영성과에 대한 정보를 제공하는 재무보고서로 미래 이익의 예측에 유용한 정보를 제공한다.

① 자본변동표   ② 재무상태표   ③ 현금흐름표   ④ 포괄손익계산서

기 본 연 습 문 제

01 다음 (   )안에 알맞은 말을 써 넣으시오.

(1) 영업 활동의 결과 자본의 증가 원인이 되는 것을 (   ), 자본의 감소 원인이 되는 것을 (   ) 이라 한다.

(2) 총수익과 총비용을 비교하여 총수익이 많으면 (   )이 생기고, 자본금을 (   )시킨다.

(3) 총수익과 총비용을 비교하여 총비용이 많으면 (   )이 생기고, 자본금을 (   )시킨다.

(4) 일정 기간 동안 기업의 재무성과를 나타내는 보고서를 (   )라 한다.

(5) 포괄손익계산서 등식은 총비용+(   ) = (   )이고, 총비용 = (   )+(   ) 이 된다.

(6) 포괄손익계산서의 당기순손익은 (   )으로 기입한다.

02 다음 과목 중 수익과목은 R, 비용과목은 E를 (   )안에 표기하시오.

(1) 이 자 수 익 (   )　　(2) 이 자 비 용 (   )　　(3) 상 품 매 출 이 익 (   )
(4) 종 업 원 급 여 (   )　　(5) 임 차 료 (   )　　(6) 임 대 료 (   )
(7) 상 품 매 출 손 실 (   )　　(8) 잡 이 익 (   )　　(9) 잡 손 실 (   )
(10) 수 수 료 수 익 (   )　　(11) 수 수 료 비 용 (   )　　(12) 광 고 선 전 비 (   )
(13) 보 험 료 (   )　　(14) 세 금 과 공 과 (   )　　(15) 잡 비 (   )
(16) 접 대 비 (   )　　(17) 소 모 품 비 (   )　　(18) 수 도 광 열 비 (   )
(19) 통 신 비 (   )　　(20) 유형자산처분이익 (   )　　(21) 여 비 교 통 비 (   )

03 다음 (   )안에 알맞은 금액을 써 넣으시오. 단, '-'는 순손실이다.

구분 \ 번호	(1)	(2)	(3)	(4)	(5)	(6)
총 수 익	350,000	250,000	( )	800,000	( )	500,000
총 비 용	300,000	350,000	200,000	( )	300,000	( )
당기순손익	( )	( )	80,000	50,000	- 20,000	- 40,000

04 강릉상사의 202×년 수익과 비용에 관한 다음 자료에 의하여 포괄손익계산서를 작성하시오.

상 품 매 출 이 익　₩ 320,000　　수 수 료 수 익　₩ 80,000　　임 대 료　₩ 50,000
종 업 원 급 여　120,000　　보 험 료　30,000　　여 비 교 통 비　40,000
통 신 비　60,000　　수 도 광 열 비　50,000　　광 고 선 전 비　30,000

포 괄 손 익 계 산 서

강릉상사　　　202×년 1월 1일부터 12월 31일까지　　　단위 : 원

비　　　용	금　　　액	수　　　익	금　　　액

능력 단위 요소	재무제표 작성하기 (0203020104_14v2.3) (4수준)				
자가 진단 내용	나는 회계 관련 규정에 따라 포괄손익계산서를 작성할 수 있다.				
문항 평가	매우 미흡 ①	미흡 ②	보통 ③	우수 ④	매우 우수 ⑤

05 강남상사의 수익과 비용에 관한 자료이다. 포괄손익계산서를 작성하시오.

상 품 매 출 이 익	₩ 800,000	이 자 수 익	₩ 200,000	종 업 원 급 여	₩ 450,000
통 신 비	80,000	수 도 광 열 비	60,000	이 자 비 용	130,000

포 괄 손 익 계 산 서

강남상사   202×년 1월 1일부터 12월 31일까지   단위 : 원

비 용	금 액	수 익	금 액

06 김포상사의 다음 수익과 비용에 관한 자료이다. 포괄손익계산서를 작성하시오.

상 품 매 출 이 익	₩ 500,000	이 자 수 익	₩ 80,000	잡 이 익	₩ 70,000
종 업 원 급 여	350,000	여 비 교 통 비	50,000	보 험 료	80,000
광 고 선 전 비	70,000	세 금 과 공 과	140,000		

포 괄 손 익 계 산 서

김포상사   202×년 1월 1일부터 12월 31일까지   단위 : 원

비 용	금 액	수 익	금 액

07 다음 서울상사의 수익과 비용에 관한 자료에 의하여 포괄손익계산서를 작성하시오.

상 품 매 출 이 익	(각자계산)	이 자 수 익	₩ 80,000	임 대 료	₩ 70,000
종 업 원 급 여	260,000	보 험 료	40,000	세 금 과 공 과	35,000
여 비 교 통 비	80,000	당 기 순 이 익	150,000		

포 괄 손 익 계 산 서

서울상사   202×년 1월 1일부터 12월 31일까지   단위 : 원

비 용	금 액	수 익	금 액

04 기업의 손익 계산

01 순손익의 측정

　기업은 일정 기간 동안 영업 활동의 결과 순이익 또는 순손실을 측정하여야 한다. 이러한 순손익의 측정 방법으로는 자본 유지 접근법(재산법)과 거래 접근법(손익법)이 있다.

02 순손익의 측정 방법

(1) 자본 유지 접근법(재산법) : 기업의 기말 자본과 기초 자본을 비교하여 순손익을 측정하는 방법

　　　　자본 유지 접근법(재산법) 등식　……
> 기말자본 – 기초자본 = 순이익
> 기초자본 – 기말자본 = 순손실

(2) 거래 접근법(손익법) : 일정 기간의 수익 총액과 비용 총액을 비교하여 순손익을 측정하는 방법

　　　　거래 접근법(손익법) 등식 ……………
> 총수익 – 총비용 = 순이익
> 총비용 – 총수익 = 순손실

03 재무상태표와 포괄손익계산서의 순손익 표시

(1) 당기순이익의 발생

재 무 상 태 표

서울상사　　　202×년 12월 31일　　　단위:원

자　산	금　액	부채 · 자본	금　액
기 말 자 산	200,000	기 말 부 채	70,000
		기 초 자 본	100,000
		당 기 순 이 익	30,000
	200,000		200,000

포 괄 손 익 계 산 서

서울상사　　　202×년 1월 1일부터 12월 31일까지　　　단위:원

비　용	금　액	수　익	금　액
총 비 용	50,000	총 수 익	80,000
당 기 순 이 익	30,000		
	80,000		80,000

(2) 당기순손실의 발생

재 무 상 태 표

서울상사　　　202×년 12월 31일　　　단위:원

자　산	금　액	부채 · 자본	금　액
기 말 자 산	150,000	기 말 부 채	70,000
		기 초 자 본	100,000
		당 기 순 손 실	△20,000
	150,000		150,000

포 괄 손 익 계 산 서

서울상사　　　202×년 1월 1일부터 12월 31일까지　　　단위:원

비　용	금　액	수　익	금　액
총 비 용	60,000	총 수 익	40,000
		당 기 순 손 실	20,000
	60,000		60,000

플러스Tip

▶ 재무상태표와 포괄손익계산서의 당기순이익 또는 당기순손실 금액은 항상 일치하여야 한다.

기 본 연 습 문 제

01 다음 ( )안에 알맞은 말을 써 넣으시오.

(1) 당기순손익은 ( ) 또는 ( )을 말한다.

(2) 자본 유지 접근법(재산법)으로서의 순손익계산 등식은 다음과 같다.
　　① 순이익 = ( ) – ( ) 　　② 순손실 = ( ) – ( )

(3) 거래 접근법(손익법)으로서의 순손익 계산 등식은 다음과 같다.
　　① 순이익 = ( ) – ( ) 　　② 순손실 = ( ) – ( )

(4) 기업의 영업 활동의 결과 당기순이익이 발생하면 자본금이 ( )되고, 당기순손실이 발생하면 자본금이 ( )된다.

(5) 당기순이익이 발생하면 포괄손익계산서 ( )변에, 당기순손실이 발생하면 포괄손익계산서 ( )변에 기입한다.

(6) 재무상태표와 포괄손익계산서의 당기순손익 금액은 반드시 ( )하여야 한다.

02 다음 표의 빈 칸에 알맞은 금액을 써 넣으시오. (단, '―'는 순손실 표시이다.)

No.	기 초 자 본	기 말 자 본	당 기 순 손 익
(1)	820,000	1,020,000	(①)
(2)	2,000,000	(②)	500,000
(3)	(③)	850,000	− 150,000

03 다음 표의 빈 칸에 알맞은 금액을 써 넣으시오. (단, '―'는 순손실 표시이다.)

No.	총 수 익	총 비 용	당 기 순 손 익
(1)	500,000	350,000	(①)
(2)	800,000	(②)	200,000
(3)	(③)	1,000,000	− 80,000

04 다음 표의 빈 칸에 알맞은 금액을 써 넣으시오. (단, '―'는 순손실 표시이다.)

No.	기초자본	기 말 자 본	총 수 익	총 비 용	당 기 순 손 익
(1)	80,000	100,000	55,000	35,000	( )
(2)	120,000	150,000	( )	20,000	( )
(3)	70,000	( )	80,000	65,000	( )
(4)	( )	650,000	350,000	( )	50,000
(5)	( )	250,000	( )	80,000	− 20,000

05 설악상사의 다음 자료들을 보고, 기초 재무상태표와 기말 재무상태표 및 포괄손익계산서를 작성하고, 물음에 알맞은 답을 기입하시오.

(1) 202×년 1월 1일 (기초)의 재무상태

현　　　　　금	₩ 200,000	당 좌 예 금	₩ 200,000	단 기 금 융 상 품	₩ 300,000
외 상 매 출 금	250,000	단 기 대 여 금	150,000	상　　　　　품	500,000
건　　　　　물	1,000,000	외 상 매 입 금	450,000	지 급 어 음	150,000
단 기 차 입 금	300,000	장 기 차 입 금	200,000		

(2) 202×년 12월 31일 (기말)의 재무상태

현　　　　　금	₩ 350,000	당 좌 예 금	₩ 250,000	단 기 금 융 상 품	₩ 300,000
외 상 매 출 금	300,000	단 기 대 여 금	100,000	상　　　　　품	600,000
건　　　　　물	1,500,000	외 상 매 입 금	650,000	지 급 어 음	200,000
단 기 차 입 금	250,000	장 기 차 입 금	700,000		

(3) 202×년 1월 1일 부터 202×년 12월 31일 까지 발생한 수익과 비용

상 품 매 출 이 익	₩ 450,000	이 자 수 익	₩ 80,000	잡　　이　　익	₩ 70,000
종 업 원 급 여	280,000	보 험 료	120,000	소 모 품 비	30,000
통 신 비	50,000	여 비 교 통 비	20,000		

재무상태표(기초)
설악상사　　202×년 1월 1일　　단위:원

자　산	금　액	부채·자본	금　액

재무상태표(기말)
설악상사　　202×년 12월 31일　　단위:원

자　산	금　액	부채·자본	금　액

포괄손익계산서
설악상사　202×년 1월 1일부터 12월 31일까지　단위:원

비　용	금　액	수　익	금　액

【 물음 】

(1) 기초 자산총액은 얼마인가? ……(₩　　　　　)

(2) 기초 부채총액은 얼마인가? ……(₩　　　　　)

(3) 기초 자본금은 얼마인가? ………(₩　　　　　)

(4) 기말 사산총액은 얼마인가? ……(₩　　　　　)

(5) 기말 부채총액은 얼마인가? ……(₩　　　　　)

(6) 기말 자본금은 얼마인가? ………(₩　　　　　)

(7) 총수익은 얼마인가? ……………(₩　　　　　)

(8) 당기순이익은 얼마인가? ………(₩　　　　　)

06 강원상사는 202×년 1월 1일에 현금 ₩500,000을 출자하여 영업을 시작한 결과 202×년 12월 31일의 재무상태와 기간 중의 수익과 비용은 다음과 같다. 202×년 12월 31일의 재무상태표와 포괄손익계산서를 작성하시오.

12월 31일의 재무 상태

현 금	₩ 300,000	당 좌 예 금	₩ 200,000	단 기 대 여 금	₩ 400,000
외 상 매 출 금	350,000	상 품	450,000	건 물	500,000
외 상 매 입 금	650,000	지 급 어 음	400,000	단 기 차 입 금	600,000

기간 중의 수익과 비용

상 품 매 출 이 익	₩ 350,000	이 자 수 익	₩ 40,000	임 대 료	₩ 20,000
종 업 원 급 여	160,000	여 비 교 통 비	20,000	통 신 비	50,000
광 고 선 전 비	100,000	잡 비	30,000		

<table>
<tr><th colspan="4">재 무 상 태 표</th></tr>
<tr><td>강원상사</td><td colspan="2">202×년 12월 31일</td><td>단위:원</td></tr>
<tr><th>자 산</th><th>금 액</th><th>부채 · 자본</th><th>금 액</th></tr>
<tr><td></td><td></td><td></td><td></td></tr>
<tr><td></td><td></td><td></td><td></td></tr>
<tr><td></td><td></td><td></td><td></td></tr>
<tr><td></td><td></td><td></td><td></td></tr>
<tr><td></td><td></td><td></td><td></td></tr>
</table>

<table>
<tr><th colspan="4">포 괄 손 익 계 산 서</th></tr>
<tr><td>강원상사</td><td colspan="2">202×년 1월 1일부터 12월 31일까지</td><td>단위:원</td></tr>
<tr><th>비 용</th><th>금 액</th><th>수 익</th><th>금 액</th></tr>
<tr><td></td><td></td><td></td><td></td></tr>
<tr><td></td><td></td><td></td><td></td></tr>
<tr><td></td><td></td><td></td><td></td></tr>
<tr><td></td><td></td><td></td><td></td></tr>
<tr><td></td><td></td><td></td><td></td></tr>
</table>

기출 확인 문제

1. 다음 재무상태표 등식의 괄호 속에 들어갈 단어로 옳은 것은? 【2007년 1회】

> 기말자산 = ( ) + 기초자본 + 순이익

① 기초부채   ② 기초자산   ③ 기말부채   ④ 기말자본

2. 다음 자료에 의하여 정확한 당기순손익을 계산하면 얼마인가? 【2013년 3회】

가. 상품매출이익 ₩70,000	나. 이 자 수 익 ₩50,000	다. 이 자 비 용 ₩60,000
라. 임 대 료 40,000	마. 급 여 30,000	바. 보 험 료 20,000

① 이익 ₩50,000   ② 손실 ₩50,000   ③ 이익 ₩40,000   ④ 손실 ₩40,000

3. 다음은 (주)상공의 재무상태 및 재무성과에 대한 자료이다. 기말자산과 기말자본을 계산한 것으로 옳은 것은? 【2019년 1회, 2015년 2회】

가. 기초자산 ₩500,000	나. 기초부채 ₩200,000	다. 기말부채 ₩300,000
라. 기중 수익총액 ₩600,000	마. 기중 비용총액 ₩400,000	

	기말자산	기말자본		기말자산	기말자본
①	₩600,000	₩300,000	②	₩600,000	₩400,000
③	₩800,000	₩400,000	④	₩800,000	₩500,000

직업기초능력평가문제

1. 다음은 회계의 개념에 대한 토론학습장면이다. 바르게 설명하고 있는 학생을 있는 대로 고른 것은?

① 철수, 영희   ② 철수, 하늘   ③ 인호, 하늘
④ 영희, 인호   ⑤ 하늘, 영희

2. 다음은 ○○(주)의 신입 사원들을 위한 회계 교육 안내문 일부이다. (가)에 해당하는 재무제표로 가장 적절한 것은? (단, 한국채택국제회계기준을 적용한다.)

회계 교육 안내문	
강 좌 명	재무제표의 기초
대 상	신입 사원 전원
일 시	202×년 4월 2일(월) 10:00~17:00
장 소	본사 2층 교육 센터

강 좌 내 용	Ⅰ. 재무제표의 뜻
	Ⅱ. 재무제표의 종류
	   1. ☐ (가) ☐ 의 이해
	     • 재무상태란?
	     • 자산 = 부채 + 자본

① 재무상태표   ② 현금흐름표   ③ 자본변동표
④ 포괄손익계산서   ⑤ 이익잉여금처분계산서

3. 다음의 대화에서 ○○(주)의 재무팀장이 거래 은행의 대출 담당 과장에게 추가로 제출할 재무제표로 가장 적절한 것은? (단, 한국채택국제회계기준을 적용한다.)

① 재무상태표   ② 자본변동표   ③ 현금흐름표

④ 포괄손익계산서   ⑤ 이익잉여금처분계산서

4. 다음 글에서 ㉠, ㉡이 기입될 재무제표로 바르게 짝지은 것은? (단, 한국채택국제회계기준을 적용한다.)

> K씨는 (주)A정보통신 본사와 대리점 계약을 맺고, 핸드폰을 취급하는 B텔레콤 대리점을 설립하였다. 상품판매 대금은 물론이고, 어디에 얼마를 지출하였는지를 기록하면서 운영한 결과 5년 뒤에는 은행채무도 갚고, 건물을 구입하여 점포를 크게 확장하였다.
>
> K씨는 ㉠ 자본의 출자, 컴퓨터 외상구매, 은행채무 상환, 건물구입과 ㉡ 종업원의 월급, 홍보비, 교통비, 건물 임대료 등의 발생 내용을 하나도 빠짐없이 기록·계산·정리하여 결산일에 재무제표를 작성하였다.

	㉠		㉡
①	재무상태표	–	포괄손익계산서
②	재무상태표	–	자본변동표
③	포괄손익계산서	–	재무상태표
④	포괄손익계산서	–	자본변동표
⑤	포괄손익계산서	–	현금흐름표

5. 다음 대화는 개인기업인 ○○상사의 회계 담당자가 결산 시 재무상태를 사장에게 보고하는 내용이다. 사장의 질문에 대한 회계 담당자의 답변으로 옳은 것은? (단, 제시된 자료 외에는 고려하지 않는다.)

① 당기순손실 ₩50,000입니다.
③ 당기순이익 ₩150,000입니다.
⑤ 당기순이익 ₩250,000입니다.

② 당기순이익 ₩50,000입니다.
④ 당기순손실 ₩250,000입니다.

6. 다음 글을 읽고 영철이네 아이스크림가게의 기초 자본과 당기순이익을 계산하면 얼마인가?

> 영철이는 202×년 1월 1일 그 동안 모아 둔 자금으로 아이스크림 가게를 개업하였다. 그는 판매 전략을 수립하고 가게를 성실하게 운영하였다. 그 결과 202×년 1월 1일부터 12월 31일까지 수익 총액 ₩240,000, 비용 총액 ₩180,000이 발생하였다. 회계 기간 말인 202×년 12월 31일 현재를 기준으로 이 가게의 자산 총액은 ₩420,000, 부채 총액은 ₩180,000으로 나타났다.

	기초 자본	당기순이익
①	₩140,000	₩20,000
②	₩180,000	₩20,000
③	₩180,000	₩60,000
④	₩240,000	₩60,000
⑤	₩140,000	₩60,000

회계 정보는 사회적으로 약속된 소통 방법이다.

얼마 전 인기 TV프로그램 [짝]에 출연한 28세의 여자 5호가 화제를 불러 일으킨 직이 있다. 지각을 했으면서 기사 딸린 고급 승용차를 타고 온 그녀가 "해운회사 회장의 외동딸입니다. 앞으로 아버지의 뒤를 이어 회사를 맡고 싶습니다"라고 소개하자 남성 출연자들의 태도가 바뀌었다. 그녀의 지각을 비난하던 남자들은 어느새 "웃는 모습이 너무 예쁘다. 바라는 것 없이 그냥 잘해주고 싶다"며 칭찬을 늘어놨다. 또 여자 5호의 눈에 들기 위해 애정촌을 열심히 청소하기도 했다. 방송을 본 네티즌들은 "사람이 어쩜 저렇게 갑자기 바뀌나", "역시 돈이

- 출처 : SBS 홈페이지 -

라면", "솔직히 여자의 배경을 보면 나라도 그럴 거다"라며 뜨거운 반응을 보였다.

필자가 이 게시판에 댓글을 단다면 이렇게 올릴 것 같다. '혹시 그 해운회사의 재무제표를 보셨나요? 자산이 500억 원인데, 부채가 1,000억 원이면 어쩌지요?' 물론 그 회사의 재무제표가 엉망이라는 뜻은 아니다. 하지만 배우자든, 회사든, 눈에 보이는 것이 좋다고 해서 확인도 안 하고 덥석 붙었다가는 큰 코 다칠 수 있다.

회계가 자본 자원의 효율적 배분에 기여한다고는 하지만, 막상 회계 정보를 접해도 이 회사와 정말 거래를 해도 될 지, 투자를 해도 되는지, 내가 입사를 해도 될 지 의문이 들 때가 많다. '지금 잘 나가는 회사는 ○○회사입니다. 왜냐하면 올해 순이익을 100억 원이나 달성했거든요'라고 회계 용어를 써서 이야기해도 그렇다. 왜냐하면 한 가지 단순한 회계 정보만 가지고 재무상태나 경영성과를 판단할 수 없고, 그 정보가 진실된 정보인지도 모르는 일이기 때문이다.

그래서 회계가 진정으로 가치를 지니기 위해서는 정보 제공자가 사회적 약속에 맞는 회계 정보를 제공하고, 정보이용자 또한 기본적인 회계 상식을 가지고 있어야 하는 것이다.

출처 : 〈지금 당장 회계 공부 시작하라〉- 강대준, 신홍철 저 (한빛비즈) -

Chapter 02 회계의 순환 과정

기업이 현금의 차입, 건물이나 비품의 구입, 상품의 매입과 매출 등과 같은 경영 활동을 하게 되면 자산·부채·자본이 증가·감소하거나 수익과 비용이 발생하는데 이와 같이 기업의 경영 활동에서 자산·부채·자본·수익·비용의 증감 변화를 일으키는 것을 회계상의 거래라고 한다.

이러한 거래의 발생에서부터 재무제표를 작성하기까지 일련의 과정이 일정한 주기로 반복되는데 이를 회계 순환 과정이라고 한다. 회계 순환 과정은 기업의 회계담당자가 기업의 재무상태와 경영성과를 파악하기 위하여 기업 내에서 발생한 모든 거래를 인식하고 측정, 요약하여 재무제표가 작성되기까지의 일련의 회계 처리 과정을 의미한다.

이 영역에서는 거래의 개념과 거래 요소의 결합 관계, 거래의 분개 방법과 계정 기입 방법을 이해하고 표현하며, 결산의 절차를 이해하고 장부의 마감 및 재무제표 작성 방법을 학습하기로 한다.

결산은 재무회계의 ' 끝판 왕 '

일본 프로 야구 라쿠텐의 노무라 가스야 명예 감독은 우승팀의 10대 조건을 꼽으면서 '절대적인 마무리 투수의 존재' 를 가장 처음으로 거론했다. 한국의 이광환 감독도 LG트윈스 시절 우승팀의 5가지 조건 가운데 하나로 '뛰어난 마무리' 를 언급한 바 있다. 현대 야구에서는 그만큼 마무리 역량이 팀 성적에 큰 영향을 끼친다는 얘기다.

- 출처 : www.naver.com -

실제로 1990년대 이후 국내 프로 야구를 살펴보면 우승팀에는 늘 리그 최정상급의 마무리 투수가 버티고 있었다. 2012년 한국시리즈 우승에 이어 2013년에도 정규리그 우승을 거머쥔 삼성 라이온즈에도 역시 '특급 마무리' 혹은 '끝판 왕' 이라 불리는 오승환 선수가 있었다.

야구에서 경기를 끝내는 마무리 투수를 영어로는 클로저(Closer)라고 부른다. 재무회계에서도 마무리 투수 역할과 같은 절차가 있는데, 이것을 결산(決算, Closing)이라고 부른다. 한자(漢字)로는 말 그대로 '셈을 마무리한다.' 라는 의미이다.

출처 : 〈지금 당장 회계 공부 시작하라〉 - 강대준, 신홍철 저 (한빛비즈) -

01 거 래

【 NCS 연결고리 】

능력 단위	전표 관리 (0203020109_14v2)	능력 단위 요소 (수준)	회계상 거래 인식하기(0203020101_14v2.1)(3수준)
영역과의 관계	회계상의 거래를 인식하여, 거래의 결합 관계를 통해 거래의 종류를 파악하고 거래의 이중성에 따라서 기입된 내용의 분석을 통해 대차 평균의 원리를 이해하는데 도움이 될 것이다.		

01 거래(去來 : transaction)의 뜻

기업의 경영 활동에 의하여 자산·부채·자본에 증감 변화를 일으키는 모든 현상을 회계에서는 거래라 한다. 또한 수익·비용의 발생도 자본의 증감을 일으키는 요소이므로 회계상의 거래이다.

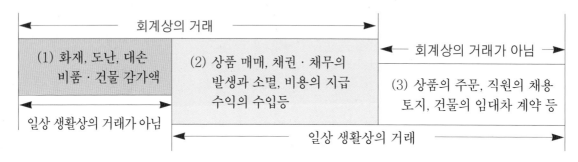

기출 확인 문제

1. 회계상의 거래로 옳지 않은 것은? 단, 거래 금액 표시는 생략됨. 【2017년 3회, 2015년 2회】

① 상품이 화재로 소실되다.   ② 사원을 채용하기로 하다.
③ 상품을 현금으로 매출하다.   ④ 외상 대금을 어음으로 지급하다.

02 거래의 8요소 결합 관계

회계상의 모든 거래는 자산의 증가와 감소, 부채의 증가와 감소, 자본의 증가와 감소 및 수익의 발생과 비용의 발생이라는 8개의 요소로 구성되는데 이것을 거래의 8요소 결합 관계라 한다.

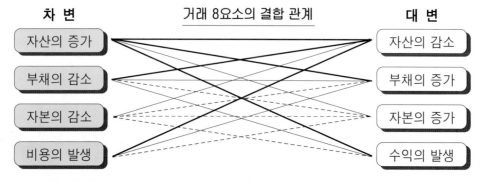

'——' 선은 많이 발생하는 거래, '——' 선은 비교적 적은 거래, '----' 선은 거의 발생하지 않는 거래

알쏭? 달쏭?

➡ 거래가 회계 등식(자산 = 부채 + 자본)에 어떤 영향을 미치나요?

　　계약의 체결이나 물품의 주문 등은 기업의 재무상태에 영향을 주지 않기 때문에 회계상의 거래로 취급하지 않는다. 따라서 회계상의 거래가 되기 위해서는 그 거래가 기업의 자산·부채·자본에 영향을 주어야 하고, 그 영향이 객관적으로 측정 가능하여야 한다. 그러므로, 회계상의 거래는 '자산 = 부채 + 자본'이라는 회계 등식에서 한개 이상의 요소에 영향을 주게 되는 것이다.

03 거래의 이중성(二重性)

　　회계상의 모든 거래는 그 발생이 반드시 차변 요소와 대변 요소가 대립되어 성립하며, 양쪽에 같은 금액으로 이중으로 기입되는데, 이것을 거래의 이중성이라 한다

04 거래의 종류

　　회계상의 거래를 손익의 발생을 기준으로 분류하면 교환거래, 손익거래, 혼합거래로 나눌 수 있다.

(1) 교환거래 : 자산·부채·자본의 증가와 감소만 발생하는 거래로서 기업의 손익에 영향을 주지 않는 거래

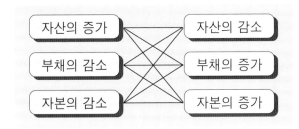

【 교환거래의 예제 】

① 상품을 매입하고 대금은 현금으로 지급하다.

② 현금을 빌려오다.

③ 현금을 출자하여 영업을 개시하다.

(2) 손익거래 : 거래의 총액이 수익이나 비용이 발생하는 거래

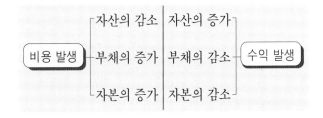

【 손익거래의 예제 】

① 종업원 급여를 현금으로 지급하다.

② 전화요금을 현금으로 지급하다.

③ 임대료를 현금으로 받다.

(3) 혼합거래 : 하나의 거래 중에서 교환거래와 손익거래가 동시에 발생하는 거래

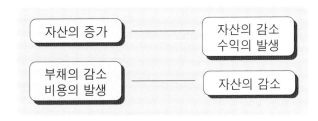

【 혼합거래의 예제 】

① 상품 원가 ₩100을 ₩120에 매출하고 대금은 현금으로 받다.

② 단기차입금 ₩200과 그에 대한 이자 ₩5을 현금으로 지급하다.

【 거래 8요소의 결합 관계에 대한 거래 내용 】

거래 8요소의 결합 관계		거 래 의 내 용
자산의 증가	자 산 의 감 소	상품을 매입하고 대금은 현금으로 지급하다.
	부 채 의 증 가	상품을 매입하고 대금은 외상으로 하다.
	자 본 의 증 가	현금을 출자하여 영업을 시작하다.
	수 익 의 발 생	이자를 현금으로 받다.
부채의 감소	자 산 의 감 소	차입금을 현금으로 지급하다.
	부 채 의 증 가	외상매입금을 약속어음 발행하여 지급하다.
	자 본 의 증 가	회사의 차입금을 기업주가 대신 갚아주다.
	수 익 의 발 생	차입금을 면제받다.
자본의 감소	자 산 의 감 소	기업주가 개인용으로 현금을 인출해 가다.
	부 채 의 증 가	기업주 개인의 부채를 회사의 부채로 하다.
	자 본 의 증 가	갑의 출자금을 을의 출자금으로 변경하다.
	수 익 의 발 생	사무실의 임대료를 받아 기업주가 개인적으로 사용하다.
비용의 발생	자 산 의 감 소	종업원의 급여를 현금으로 지급하다.
	부 채 의 증 가	차입금의 이자를 원금에 가산하다.
	자 본 의 증 가	종업원의 급여를 기업주가 회사 대신 지급하다.
	수 익 의 발 생	사무실의 임대료를 받아 광고료를 지급하다.

기출 확인 문제

2. 다음 중 회계상 거래에 해당되는 것은? (단, 거래 금액 표시는 생략함) 【2017년 1회, 2012년 1회】

① 원재료를 장기간 공급받기로 계약하다.
② 유능한 영업부장을 영입하다.
③ 인천에 새로운 영업소 사무실을 임차하기로 결정하다.
④ 종업원의 급여 중 일부만 지급하다.

3. 다음 중 거래에 대한 결합 관계로서 잘못된 것은?
【2011년 1회】
① (차) 자산의 증가 (대) 수익의 발생
② (차) 비용의 발생 (대) 자산의 증가
③ (차) 부채의 감소 (대) 자산의 감소
④ (차) 자산의 증가 (대) 자본의 증가

4. 회계상 거래는 적어도 두 가지 이상의 계정에 영향을 미치게 되는 현상을 무엇이라고 하는가?
【2014년 1회】
① 단식부기
② 거래의 이중성
③ 대차 평균의 원리
④ 발생주의

5. 다음의 거래에 해당하는 거래 요소의 결합 관계로 옳은 것은? 【2017년 2회】

> 건물에 대한 임차료 ₩100,000을 현금으로 지급하다.

① (차변) 자산의 증가 – (대변) 자산의 감소
② (차변) 부채의 감소 – (대변) 자산의 감소
③ (차변) 비용의 발생 – (대변) 자산의 감소
④ (차변) 수익의 발생 – (대변) 자산의 감소

6. 아래 거래 요소의 결합 관계에 해당하는 거래로 알맞은 것은? 【2014년 2회】

> (차) 자산의 증가   (대) 부채의 증가

① 일진상사에 대한 대여금 ₩100,000을 현금으로 회수하다.
② 영우상사로부터 3개월 후 상환을 조건으로 현금 ₩300,000을 빌려오다.
③ 영업용 컴퓨터 ₩300,000을 구입하고 대금은 자기앞수표로 지급하다.
④ 거래처에 대한 외상매입금 ₩250,000을 지급하기 위하여 약속어음을 발행하여 주다.

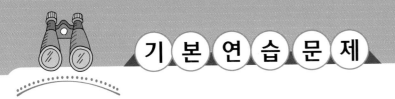

01 다음 빈 란에 알맞은 용어를 표시하시오.

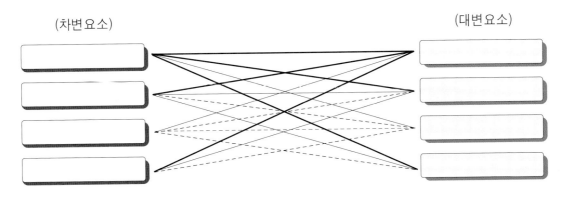

(차변요소)   (대변요소)

02 다음 거래 중 회계상의 거래는 ○표, 아닌 것은 ×표를 (   )안에 표기하시오.

(1) 화재로 인하여 건물 ₩2,000,000이 소실되다. ·························· (   )

(2) 상공상사에서 상품 ₩500,000을 외상으로 매입하다. ··············· (   )

(3) 급여 ₩800,000을 주기로 하고 종업원 1명을 채용하다. ············ (   )

(4) 창고에 보관 중인 상품 ₩200,000을 도난 당하다. ················· (   )

(5) 건물을 월세 ₩300,000을 주기로 하고 1년간 임대·차 계약을 맺다. ·············· (   )

(6) 현금 ₩1,000,000을 출자하여 상품 매매업을 시작하다. ··········· (   )

(7) 광화문상사에 상품 ₩450,000을 주문하다. ························· (   )

(8) 대한은행에서 현금 ₩5,000,000을 2년간 차입하다. ··············· (   )

(9) 거래처의 파산으로 매출채권 ₩250,000이 회수불능(대손)되다. ····· (   )

(10) 종로상사에서 현금 ₩800,000을 차입하기로 약속하다. ············ (   )

(11) 결산 시 영업용 건물, 비품에 대하여 ₩200,000의 감가상각을 하다. ·········· (   )

(12) 상품 ₩200,000을 매출하고, 대금은 1개월 후 받기로 약속하다. ··· (   )

(13) 신제품 발명을 위해 연봉 1억원의 전문가를 초빙하다. ············· (   )

(14) 지진으로 인한 이재민 돕기 성금을 한국적십자회에 현금 ₩1,000,000을 기부하다. ······ (   )

(15) 상품 ₩2,000,000을 창고회사에 보관시키다. ····················· (   )

(16) 은행 차입금에 대한 담보물로서 건물 ₩5,000,000을 제공하다. ···· (   )

(17) 영업용 책상, 의자, 컴퓨터 등을 ₩3,000,000에 구입하고 대금은 나중에 주기로 하다. ··· (   )

(18) 이달분 신문구독료 ₩8,000을 현금으로 지급하다. ················· (   )

(19) 거래처 A상사에 현금 ₩800,000을 대여하다. ······················ (   )

(20) 강릉상사로부터 상품 ₩500,000을 주문받다. ····················· (   )

03 다음 거래의 결합 관계와 거래의 종류를 보기와 같이 표시하시오.

 보기 ▶ 영업용 건물 ₩5,000,000을 구입하고, 대금은 현금으로 지급하다.

(1) 대구상사에서 상품 ₩300,000을 매입하고, 대금은 현금으로 지급하다.

(2) 영업용 비품 ₩120,000을 구입하고, 대금은 현금으로 지급하다.

(3) 마포상사에서 상품 ₩500,000을 매입하고, 대금은 외상으로 하다.

(4) 영업용 컴퓨터 ₩2,000,000을 구입하고, 대금은 수표를 발행하여 지급하다.

(5) 부산상사에서 상품 ₩1,000,000을 매입하고, 대금 중 ₩600,000은 현금으로 지급하고, 잔액은 외상으로 하다.

No.	차 변 요 소	대 변 요 소	거 래 의 종 류
보기	자산의 증가	자산의 감소	교 환 거 래
(1)			
(2)			
(3)			
(4)			
(5)			

04 다음 거래의 결합 관계와 거래의 종류를 표시하시오.

(1) 상품 ₩300,000을 매출하고, 대금은 현금으로 받다.

(2) 상품 ₩500,000을 매출하고, 대금은 외상으로 하다.

(3) 사용 중이던 영업용 비품 ₩200,000을 매각처분하고, 대금은 1주일 후에 받기로 하다.

(4) 상품 ₩800,000을 매출하고, 대금 중 반액은 현금으로 받고, 잔액은 외상으로 하다.

(5) 영업용 건물 ₩2,500,000을 매각처분하고, 대금은 월말에 받기로 하다.

(6) 상품 ₩200,000을 매출하고 대금은 자기앞수표로 받다.

No.	차 변 요 소	대 변 요 소	거 래 의 종 류
(1)			
(2)			
(3)			
(4)			
(5)			
(6)			

05 다음 거래의 결합 관계와 거래의 종류를 표시하시오.

(1) 현금 ₩500,000을 출자하여 상품 매매업을 시작하다.
(2) 현금 ₩800,000과 상품 ₩400,000을 출자하여 영업을 개시하다.
(3) 현금 ₩1,000,000, 상품 ₩500,000, 건물 ₩2,000,000으로 영업을 시작하다.
(4) 현금 ₩2,000,000을 차입하여 영업을 개시하다.
(5) 현금 ₩1,500,000(차입금 ₩500,000 포함)으로 상품매매업을 개업하다.

No.	차 변 요 소	대 변 요 소	거 래 의 종 류
(1)			
(2)			
(3)			
(4)			
(5)			

06 다음 거래의 결합 관계와 거래의 종류를 표시하시오.

(1) 현금 ₩300,000을 거래처 A상사에 대여하다.
(2) 단기대여금 ₩300,000을 현금으로 회수하다.
(3) 외상매출금 ₩250,000을 현금으로 회수하다.
(4) 미수금 ₩80,000을 현금으로 회수하다.
(5) 받을어음 대금 ₩500,000을 만기일이 되어 현금으로 회수하다.

No.	차 변 요 소	대 변 요 소	거 래 의 종 류
(1)			
(2)			
(3)			
(4)			
(5)			

07 다음 거래의 결합 관계와 거래의 종류를 표시하시오.

(1) 거래처 광주상사에서 현금 ₩300,000을 차입하다.
(2) 단기차입금 ₩300,000을 현금으로 갚다.
(3) 외상매입금 ₩450,000을 현금으로 지급하다.

No.	차 변 요 소	대 변 요 소	거 래 의 종 류
(1)			
(2)			
(3)			

08 다음 거래의 결합 관계와 거래의 종류를 보기와 같이 표시하시오.

 보기 ▶ 한국일보에 신문광고료 ₩350,000을 현금으로 지급하다.

(1) 종업원 급여 ₩580,000을 현금으로 지급하다.
(2) 건물에 대한 화재보험료 ₩200,000을 현금으로 지급하다.
(3) 문화일보 신문구독료 ₩15,000을 현금으로 지급하다.
(4) 자동차세 ₩280,000과 상공회의소 회비 ₩50,000을 현금으로 지급하다.
(5) 단기차입금에 대한 이자 ₩5,000을 현금으로 지급하다.
(6) 임차료 ₩300,000을 현금으로 지급하다.
(7) 금고에 보관 중이던 현금 ₩2,000,000을 도난당하다.
(8) 우표 및 엽서대금 ₩80,000을 현금으로 지급하다.
(9) 단기대여금에 대한 이자 ₩30,000을 현금으로 받다.
(10) 점포 임대료 ₩250,000을 현금으로 받다.
(11) 상품 판매를 알선하고, 중개수수료 ₩50,000을 현금으로 받다.
(12) 은행예금에 대한 이자 ₩15,000을 현금으로 받다.

No.	차 변 요 소	대 변 요 소	거 래 의 종 류
보기	비용의 발생	자산의 감소	손 익 거 래
(1)			
(2)			
(3)			
(4)			
(5)			
(6)			
(7)			
(8)			
(9)			
(10)			
(11)			
(12)			

09 다음 거래의 결합 관계와 거래의 종류를 보기와 같이 표시하시오.

 보기 ▶상품 원가 ₩100,000을 ₩120,000에 매출하고, 대금은 현금으로 받다.

(1) 상품 원가 ₩350,000을 ₩400,000에 매출하고, 대금은 수표로 받다.
(2) 상품 ₩500,000(원가 ₩420,000)을 외상매출하다.

(3) 상품 원가 ₩120,000을 ₩150,000에 매출하고, 대금은 약속어음으로 받다.

(4) 단기대여금 ₩500,000과 그 이자 ₩20,000을 현금으로 회수하다.

(5) 단기차입금 ₩300,000과 그 이자 ₩10,000을 현금으로 지급하다.

(6) 상품 원가 ₩800,000을 ₩600,000에 매출하고, 대금은 현금으로 받다.

No.	차 변 요 소	대 변 요 소	거 래 의 종 류
보기	자산의 증가	자산의 감소 수익의 발생	혼 합 거 래
(1)			
(2)			
(3)			
(4)			
(5)			
(6)			

⑩ 다음 거래 중 교환거래는 '교', 손익거래는 '손', 혼합거래는 '혼' 이라고 (   )안에 표시하시오.

(1) 현금 ₩500,000을 출자하여 영업을 시작하다. ···(   )

(2) 외상매입금 ₩250,000을 수표를 발행하여 지급하다. ··(   )

(3) 전화요금 ₩80,000과 수도요금 ₩20,000을 은행에 현금으로 납부하다.···········(   )

(4) 원가 ₩200,000의 상품을 ₩250,000에 외상매출하다. ·······························(   )

(5) 외상매출금 ₩250,000을 현금으로 회수하다. ···(   )

(6) 단기대여금에 대한 이자 ₩5,000을 현금으로 받다. ···(   )

(7) 단기차입금 ₩300,000과 이자 ₩7,000을 현금으로 지급하다. ·························(   )

(8) 상품 ₩80,000을 매입하고, 대금 중 ₩50,000은 현금으로 지급하고, 잔액은 외상으로 하다. ······(   )

(9) 현금 ₩200,000을 은행에 당좌예금으로 예입하다. ··(   )

능력 단위 요소	자가 진단 내용	문 항 평 가				
		매우 미흡	미흡	보통	우수	매우 우수
회계상 거래 인식하기 (0203020101_14v2.1) (3수준)	1. 나는 회계상 거래를 인식하기 위하여 회계상 거래와 일상생활에서의 거래를 구분할 수 있다.	①	②	③	④	⑤
	2. 나는 회계상 거래를 구성 요소별로 파악하여 거래의 결합 관계를 차변 요소와 대변 요소로 구분할 수 있다.	①	②	③	④	⑤
	3. 나는 회계상 거래의 결합 관계를 통해 거래 종류별로 구분하여 파악할 수 있다.	①	②	③	④	⑤

02 계 정

01 계정(計定 : account, a/c)의 뜻

거래가 발생하면 자산·부채·자본의 증감 변화와 수익과 비용이 발생하게 되는데, 이러한 증감 변화를 구체적으로 기록·계산·정리하기 위하여 설정되는 단위를 계정(account a/c)이라 하고, 현금 계정 등과 같이 계정에 붙이는 이름을 계정과목이라 하고, 계정의 기입 장소를 계정계좌라 한다.

(차 변)	현	금	(대 변)
계 정 계 좌		계 정 계 좌	

02 계정의 분류

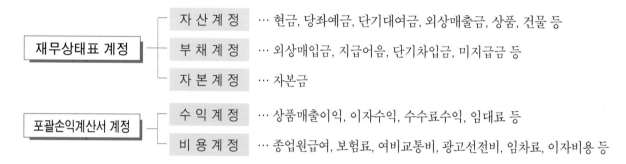

재무상태표 계정
- 자 산 계 정 … 현금, 당좌예금, 단기대여금, 외상매출금, 상품, 건물 등
- 부 채 계 정 … 외상매입금, 지급어음, 단기차입금, 미지급금 등
- 자 본 계 정 … 자본금

포괄손익계산서 계정
- 수 익 계 정 … 상품매출이익, 이자수익, 수수료수익, 임대료 등
- 비 용 계 정 … 종업원급여, 보험료, 여비교통비, 광고선전비, 임차료, 이자비용 등

03 계정의 형식

계정의 형식에는 표준식과 잔액식이 있으며, 회계의 학습을 편리하게 하기 위하여 표준식을 간단하게 변화시킨 T자형(약식)의 계정을 많이 사용한다.

(표준식 계정)   **현 금** (1)

날 짜	적 요	분면	금 액	날 짜	적 요	분면	금 액

(잔액식 계정)   **현 금** (1)

날 짜	적 요	분면	차 변	대 변	차·대	잔 액

T자형(약식)계정   **현 금** (1)

【 재무상태표 계정의 기입 방법 】

거래의 발생

(차변 요소)	자 산 계 정		(대변 요소)
자산의 증가 ➡	증 가　(+)	감 소　(−)	⬅ 자산의 감소

	부 채 계 정		
부채의 감소 ➡	감 소　(−)	증 가　(+)	⬅ 부채의 증가

	자 본 계 정		
자본의 감소 ➡	감 소　(−)	증 가　(+)	⬅ 자본의 증가

【 포괄손익계산서 계정의 기입 방법 】

거래의 발생

(차변 요소)	비 용 계 정		(대변 요소)
비용의 발생 ➡	발 생　(+)	소 멸　(−)	⬅ 비용의 소멸

	수 익 계 정		
수익의 소멸 ➡	소 멸　(−)	발 생　(+)	⬅ 수익의 발생

플러스Tip

1. **계정 잔액** : 한 계정의 차변에 기입된 금액을 합계하고, 또 대변에 기입된 금액을 합계한 다음 두 합계액의 차액을 구한 것을 계정 잔액이라 한다.
2. 자산, 비용에 속하는 계정은 그 증가 또는 발생을 차변에 기입하므로 계정 잔액이 차변에 나타나고, 부채, 자본, 수익에 속하는 계정은 그 증가 또는 발생을 대변에 기입하기 때문에 계정 잔액은 대변에 나타난다.

04 대차 평균의 원리 (貸借 平均의 原理 : principle of equilibrium)

　모든 거래는 반드시 어떤 계정의 차변과 다른 계정의 대변에 같은 금액을 기입(거래의 이중성)하므로, 아무리 많은 거래가 기입되더라도 계정 전체를 보면 차변 금액의 합계와 대변 금액의 합계는 반드시 일치하게 되는데, 이것을 대차 평균의 원리라 한다.(복식부기의 자기 관리 또는 자기 검증 기능)

기출 확인 문제

1. 다음 중 계정의 기입 방법에 대한 설명으로 옳은 것은? 【2018년 1회】

① 자산 계정은 증가를 차변에, 감소를 대변에 기입하며, 잔액은 대변에 남는다.
② 부채 계정은 증가를 대변에, 감소를 차변에 기입하며, 잔액은 차변에 남는다.
③ 자본 계정은 증가를 대변에, 감소를 차변에 기입하며, 잔액은 차변에 남는다.
④ 수익 계정은 발생을 대변에, 소멸을 차변에 기입하며, 잔액은 대변에 남는다.

2. 다음 중 재무상태표 계정에 속하지 않는 것은? 【2014년 4회 수정】

① 단기차입금　　　　② 당기손익금융자산　　　　③ 임대료　　　　④ 외상매출금

3. 다음 중 [　] 속에 (가)와 (나)에 들어갈 알맞은 용어는? 【2014년 4회】

> 분개된 거래를 원장의 각 계정계좌에 옮겨 기입하는 절차를 [　(가)　](이)라 하고, 한 계정에서 다른
> 계정으로 계정 잔액을 옮기는 일을 [　(나)　](이)라고 한다.

① (가) 전기　(나) 대체　　　　　　② (가) 대체　(나) 전기
③ (가) 이월　(나) 기장　　　　　　④ (가) 기장　(나) 이월

4. 거래의 이중성에 따라 거래 하나하나의 차변과 대변 금액은 일치한다. 아무리 많은 거래가 발생하여도 전체
거래의 차변과 대변의 합계 금액은 항상 일치하는 것을 무엇이라 하는가? 【2017년 2회, 2016년 1회】

① 발생주의　　　　② 복식부기　　　　③ 대차 평균의 원리　　　　④ 일반기업회계기준

기 본 연 습 문 제

01 다음 계정과목 중 자산계정은 'A', 부채계정은 'L', 자본계정은 'C', 수익계정은 'R' 비용계정은 'E' 를
(　　) 안에 써 넣으시오.

(1) 당 좌 예 금 (　　)　　　(2) 외 상 매 입 금 (　　)　　　(3) 외 상 매 출 금 (　　)
(4) 종 업 원 급 여 (　　)　　　(5) 이 자 수 익 (　　)　　　(6) 세 금 과 공 과 (　　)
(7) 현　　　　금 (　　)　　　(8) 지 급 어 음 (　　)　　　(9) 자 본 금 (　　)
(10) 상 품 매 출 이 익 (　　)　　(11) 이 자 비 용 (　　)　　(12) 임 차 료 (　　)
(13) 임 대 료 (　　)　　　(14) 받 을 어 음 (　　)　　(15) 비　　　품 (　　)
(16) 미 지 급 금 (　　)　　　(17) 미 수 금 (　　)　　(18) 수 수 료 수 익 (　　)

02 다음 계정의 (　　)안에 증가, 감소, 발생과 소멸을 써 넣으시오.

현　　　　금		외 상 매 입 금		상　　　　품	
(　　　)	(　　　)	(　　　)	(　　　)	(　　　)	(　　　)

자 본 금		상 품 매 출 이 익		종 업 원 급 여	
(　　　)	(　　　)	(　　　)	(　　　)	(　　　)	(　　　)

단 기 차 입 금		외 상 매 출 금		비　　　　품	
(　　　)	(　　　)	(　　　)	(　　　)	(　　　)	(　　　)

03 다음 계정과목 중 증가(발생)액이 차변에 기입되는 것은 '차', 대변에 기입되는 것은 '대' 를 (   )안에 써 넣으시오.

(1) 현   금 (   )   (2) 외 상 매 입 금 (   )   (3) 자   본   금 (   )

(4) 단 기 대 여 금 (   )   (5) 상 품 매 출 이 익 (   )   (6) 임   차   료 (   )

(7) 수 수 료 수 익 (   )   (8) 단 기 차 입 금 (   )   (9) 외 상 매 출 금 (   )

(10) 이 자 비 용 (   )   (11) 비   품 (   )   (12) 이 자 수 익 (   )

(13) 단 기 금 융 상 품 (   )   (14) 지 급 어 음 (   )   (15) 받 을 어 음 (   )

04 다음 계정과목 중 잔액이 차변에 나타나면 '차', 대변에 나타나면 '대' 를 (   )안에 써 넣으시오.

(1) 외 상 매 출 금 (   )   (2) 여 비 교 통 비 (   )   (3) 건   물 (   )

(4) 현   금 (   )   (5) 단 기 차 입 금 (   )   (6) 자   본   금 (   )

(7) 광 고 선 전 비 (   )   (8) 상 품 매 출 이 익 (   )   (9) 당 좌 예 금 (   )

(10) 이 자 수 익 (   )   (11) 외 상 매 입 금 (   )   (12) 미   수   금 (   )

(13) 임   차   료 (   )   (14) 수 수 료 수 익 (   )   (15) 비   품 (   )

(16) 차 량 운 반 구 (   )   (17) 미 지 급 금 (   )   (18) 단 기 대 여 금 (   )

05 다음 내용에 해당하는 알맞은 계정과목을 (   )안에 표시하시오.

(1) 지폐 및 주화, 통화대용증권(자기앞수표 등) ·· (   )

(2) 은행에 당좌예입하거나 수표를 발행하였을 때 ·· (   )

(3) 통화 및 자기앞수표 등 통화대용증권과 당좌예금·보통예금을 합한 것 ··············· (   )

(4) 만기가 1년 이내의 정기예금·정기적금을 가입한 경우 ··· (   )

(5) 주식, 사채 등을 단기시세차익을 목적으로 매입하였을 때 ··································· (   )

(6) 상품을 매출하고, 대금은 외상으로 하였을 때 ··· (   )

(7) 상품을 매출하고, 대금은 약속어음으로 받았을 때 ·· (   )

(8) 상품이 아닌 건물, 토지 등을 매각처분하고, 대금은 월말에 받기로 하였을 때 ········· (   )

(9) 현금을 타인에게 빌려주고, 차용증서를 받았을 때 ·· (   )

(10) 판매를 목적으로 외부로 부터 매입한 물품 ··· (   )

(11) 영업용 책상, 의자, 금고, 응접세트, 컴퓨터 및 주변기기, 복사기 등을 구입하였을 때 ···(　　　　)

(12) 영업에 사용할 목적으로 점포, 창고 등을 구입하였을 때 ···································· (   )

(13) 상품을 매입하고 대금은 외상으로 하였을 때 ··· (   )

(14) 상품을 매입하고 대금은 약속어음을 발행하였을 때 ··· (   )

(15) 상품이 아닌 비품, 건물 등을 구입하고, 대금은 월말에 지급하기로 하였을 때 ········ (   )

(16) 현금을 빌리고, 차용증서를 써 준 경우 ··· (   )

(17) 기업주가 출자한 현금이나 상품, 건물등 ································· ( )

(18) 상품을 원가이상으로 매출하고 생긴 이익 ··························· ( )

(19) 단기대여금 또는 은행예금에서 얻어진 이자 ······················ ( )

(20) 임대한 건물에 대한 월세를 받았을 때 ····························· ( )

(21) 중개역할을 하고 중개수수료를 받았을 때 ························· ( )

(22) 폐품 등을 처분하고 생긴 이익금 또는 영업활동 이외에서 생기는 적은 이익금 ········ ( )

(23) 종업원 BTS진에게 월급을 지급하였을 때 ························· ( )

(24) 단기차입금에 대한 이자를 지급하였을 때 ························· ( )

(25) 사무실 월세를 지급하였을 때 ····································· ( )

(26) 택시요금, 시내교통비를 지급하였을 때 ···························· ( )

(27) 전화요금, 우표 및 엽서대금을 지급하였을 때 ······················ ( )

(28) 전기요금, 수도요금, 가스료를 지급하였을 때 ······················ ( )

(29) 사무용 장부, 볼펜, 복사용지 등을 구입하여 사용하였을 때 ··········· ( )

(30) 재산세, 자동차세 및 상공회의소 회비를 지급하였을 때 ············· ( )

(31) 화재보험료, 자동차 보험료를 지급하였을 때 ······················ ( )

(32) JTBC방송에 TV광고료를 지급하였을 때 ·························· ( )

(33) 신문구독료를 지급하였을 때 ······································ ( )

(34) 상품 발송비 및 짐꾸리기 비용을 지급하였을 때 ··················· ( )

06 다음 A항과 B항의 계정과목은 서로 반대 개념을 갖고 있다. 선으로 연결하시오.

< A 항 >	< B 항 >
(1) 외 상 매 출 금 •	• (ㄱ) 미 지 급 금
(2) 받 을 어 음 •	• (ㄴ) 지 급 어 음
(3) 미 수 금 •	• (ㄷ) 단 기 차 입 금
(4) 선 급 금 •	• (ㄹ) 외 상 매 입 금
(5) 단 기 대 여 금 •	• (ㅁ) 선 수 금
(6) 상 품 매 출 이 익 •	• (ㅂ) 이 자 비 용
(7) 임 대 료 •	• (ㅅ) 상 품 매 출 손 실
(8) 이 자 수 익 •	• (ㅇ) 수 수 료 비 용
(9) 수 수 료 수 익 •	• (ㅈ) 임 차 료

능력 단위 요소	회계상 거래 인식하기 (0203020101_14v2.1) (3수준)				
자가 진단 내용	나는 거래의 이중성에 따라서 기입된 내용의 분석을 통해 대차평균의 원리를 파악할 수 있다.				
문항 평가	매우 미흡 ①	미흡 ②	보통 ③	우수 ④	매우 우수 ⑤

03 분개와 전기

01 **분개**(分介 : journalizing)**의 뜻** : 거래가 발생하면 각 계정에 기입하기 전의 준비 단계로서 거래를 차변 요소와 대변 요소로 구분하여 계정에 기입할 과목과 금액을 결정하는 것을 분개라 한다.

> 【 분개의 절차 】 ① 발생한 거래가 회계상의 거래인가를 확인한다.
> ② 거래 내용을 분석하여 차변 요소와 대변 요소로 나눈다.
> ③ 차변과 대변 요소에 대한 구체적인 계정과목을 정한다.
> ④ 각 계정에 기입될 금액을 결정한다.

02 **전기**(轉記 : posting) : 분개한 것을 계정에 옮겨 적는 절차를 전기라 한다.

> 【 전기의 절차 】 ① 해당 계정을 찾아 분개된 차변 금액은 해당 계정 차변에 기입하고, 대변 금액은 해당 계정 대변에 기입한다.
> ② 날짜를 기입한다.
> ③ 상대편 계정과목을 기입한다. (단, 상대편 계정과목이 둘 이상 이면 '제좌' 라고 기입한다)

【 분개와 전기의 보기 】

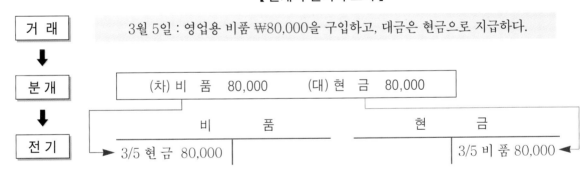

【 상대 계정과목이 2개 이상인 경우 】

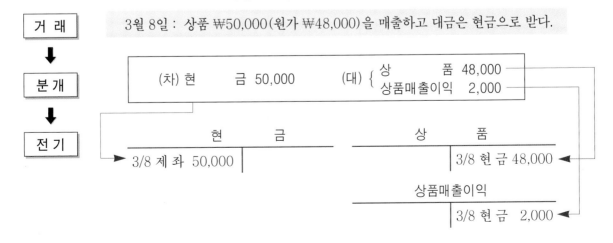

01 다음 거래를 분개하시오.

> (차) 자 산 의 증 가   (대) 자 산 의 감 소

(1) 영업용 비품 ₩80,000을 구입하고, 대금은 현금으로 지급하다.
(2) 서울상사에서 상품 ₩200,000을 매입하고, 대금은 현금으로 지급하다.
(3) 상품 ₩150,000을 원가로 매출하고, 대금은 현금으로 받다
(4) 상품 ₩350,000을 원가로 매출하고, 대금은 외상으로 하다.
(5) 사용 중이던 영업용 비품 ₩50,000을 매각처분하고, 대금은 월말에 받기로 하다.
(6) 외상매출금 ₩250,000을 현금으로 회수하다.
(7) 현금 ₩420,000을 은행에 당좌예입하다.
(8) 거래처 남문상사에 현금 ₩300,000을 대여하다.
(9) 거래은행에 10개월 만기의 정기예금을 가입하고, 현금 ₩2,000,000을 예탁하다.

No.	차 변 과 목	금 액	대 변 과 목	금 액
(1)				
(2)				
(3)				
(4)				
(5)				
(6)				
(7)				
(8)				
(9)				

02 다음 거래를 분개하시오.

> (차) 자 산 의 증 가   (대) 부 채 의 증 가

(1) 대한상사에서 상품 ₩150,000을 매입하고, 대금은 외상으로 하다.
(2) 현금 ₩200,000을 차입하다.
(3) 영업용 책상, 의자 ₩120,000을 구입하고, 대금은 월말에 지급하기로 하다.
(4) 상품 ₩500,000을 매입하고, 대금은 약속어음을 발행하여 지급하다.
(5) 영업용 컴퓨터 ₩800,000을 구입하고, 대금은 외상으로 하다.
(6) 현금 ₩600,000을 차입하여 영업을 시작하다.

No.	차 변 과 목	금 액	대 변 과 목	금 액
(1)				
(2)				
(3)				
(4)				
(5)				
(6)				

다음 거래를 분개하시오.

(차) 자 산 의 증 가	(대) 자 본 의 증 가

(1) 현금 ₩500,000을 출자하여 영업을 개시하다.
(2) 현금 ₩800,000, 상품 ₩200,000을 출자하여 영업을 시작하다.
(3) 현금 ₩600,000, 상품 ₩400,000, 건물 ₩1,000,000을 출자하여 상품매매업을 개업하다.

No.	차 변 과 목	금 액	대 변 과 목	금 액
(1)				
(2)				
(3)				

 다음 거래를 분개하시오.

(차) 자 산 의 증 가	(대) 수 익 의 발 생

(1) 점포에 대한 월세 ₩150,000을 현금으로 받다.
(2) 이자 ₩20,000을 현금으로 받다.
(3) 상품 매출을 알선하고, 중개수수료 ₩50,000을 현금으로 받다.
(4) 창고에 보관 중이던 빈 박스 및 폐품 ₩20,000을 처분하고, 대금은 현금으로 받다.
(5) 단기대여금 ₩500,000에 대한 이자 ₩10,000을 현금으로 받다.

No.	차 변 과 목	금 액	대 변 과 목	금 액
(1)				
(2)				
(3)				
(4)				
(5)				

다음 거래를 분개하시오.

(차) 부 채 의 감 소	(대) 자 산 의 감 소

(1) 외상매입금 ₩200,000을 현금으로 지급하다.
(2) 단기차입금 ₩350,000을 현금으로 지급하다.
(3) 상품대금으로 발행하였던 지급어음 대금 ₩250,000을 현금으로 지급하다.
(4) 외상매입금 ₩500,000을 수표를 발행하여 지급하다.
(5) 미지급금 ₩80,000을 현금으로 지급하다.

No.	차 변 과 목	금 액	대 변 과 목	금 액
(1)				
(2)				
(3)				
(4)				
(5)				

06 다음 거래를 분개하시오.

(차) 자 본 의 감 소　　　(대) 자 산 의 감 소

(1) 기업주가 가사비용으로 현금 ₩200,000을 인출하다.

(2) 사장개인이 판매용 상품 원가 ₩50,000을 가사용으로 사용하기 위해 가져가다.

(3) 기업주의 자녀 학교 입학등록금 ₩800,000을 현금으로 지급하다.

No.	차 변 과 목	금 액	대 변 과 목	금 액
(1)				
(2)				
(3)				

07 다음 거래를 분개하시오.

(차) 비 용 의 발 생　　　(대) 자 산 의 감 소

(1) 사원의 이달분 급여 ₩300,000을 현금으로 지급하다.

(2) 거래처 직원과의 식대를 현금으로 지급하고 아래의 현금영수증을 받다.

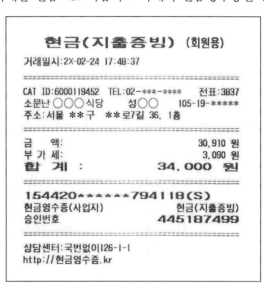

(3) 전화요금 및 인터넷 사용료 ₩250,000을 현금으로 납부하다.

(4) SBS 방송국에 광고료 ₩500,000을 현금으로 지급하다.

(5) 이자 ₩20,000을 현금으로 지급하다.

(6) 전기요금 ₩50,000과 수도료 ₩20,000을 현금으로 납부하다.

(7) 매일경제신문 5월분 신문구독료를 현금으로 지급하다.

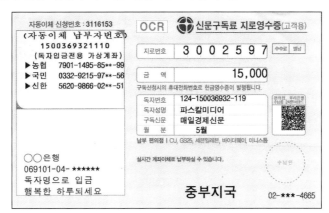

(8) 현금 ₩420,000이 도난 당하다.

(9) 자동차세 ₩280,000과 재산세 ₩500,000을 현금으로 납부하다.

(10) 건물에 대한 화재보험료 ₩80,000을 현금으로 지급하다.

No.	차 변 과 목	금 액	대 변 과 목	금 액
(1)				
(2)				
(3)				
(4)				
(5)				
(6)				
(7)				
(8)				
(9)				
(10)				

08 다음 거래를 분개하시오.

> (차) 부 채 의 감 소   (대) 부 채 의 증 가

(1) 서울상사의 외상매입금 ₩200,000을 2개월 후 만기의 약속어음을 발행하여 지급하다.

No.	차 변 과 목	금 액	대 변 과 목	금 액
(1)				

09 다음 거래를 분개하시오.

> (차) 자 산 의 증 가   (대) { 자 산 의 감 소
                                         수 익 의 발 생

(1) 원가 ₩250,000의 상품을 ₩300,000에 매출하고, 대금은 현금으로 받다.
(2) 상품 ₩500,000(원가 ₩420,000)을 외상매출하다.
(3) 단기대여금 ₩300,000과 이자 ₩20,000을 함께 현금으로 받다.
(4) 단기대여금 ₩800,000과 이자 ₩30,000을 함께 수표로 받다.

No.	차 변 과 목	금 액	대 변 과 목	금 액
(1)				
(2)				
(3)				
(4)				

⑩ 다음 거래를 분개하시오.

> (차) { 부 채 의 감 소
>   비 용 의 발 생   (대) 자 산 의 감 소

(1) 단기차입금 ₩200,000과 이자 ₩5,000을 현금으로 지급하다.
(2) 대전상사에 대한 단기차입금 ₩400,000과 이자 ₩20,000을 수표를 발행하여 지급하다.

No.	차 변 과 목	금 액	대 변 과 목	금 액
(1)				
(2)				

⑪ 다음 거래를 분개하시오.

> (차) 자 산 의 증 가   (대) { 자 산 의 감 소
>   부 채 의 증 가

(1) 상품 ₩800,000을 매입하고 대금 중 ₩500,000은 현금으로 지급하고 잔액은 외상으로 하다.
(2) 상품 ₩600,000을 매입하고 대금 중 반액은 수표를 발행하여 지급하고 잔액은 외상으로 하다.
(3) 비품 ₩300,000을 구입하고 대금 중 ₩200,000은 현금으로 지급하고 잔액은 월말에 지급하기로 하다.

No.	차 변 과 목	금 액	대 변 과 목	금 액
(1)				
(2)				
(3)				

12 다음 거래를 분개하시오.

(1) 현금 ₩1,000,000을 출자하여 상품매매업을 개시하다.

(2) 서울상사에서 상품 ₩200,000을 매입하고, 대금은 현금으로 지급하다.

(3) 사무용 책상 및 집기일체를 ₩150,000에 구입하고, 대금은 현금으로 지급하다.

(4) 거래은행으로부터 현금 ₩500,000을 차입하다.

(5) 상공상사에서 상품 ₩150,000을 외상으로 매입하다.

(6) 목포상사에 상품 ₩300,000(원가 ₩280,000)을 외상매출하다.

(7) 거래처에 현금 ₩800,000을 대여하다.

(8) 상품 ₩350,000을 매입하고, 대금 중 ₩200,000은 현금으로 지급하고, 잔액은 외상으로 하다.

(9) 외상매입금 ₩100,000을 현금으로 지급하다.

(10) 현금 ₩250,000을 조흥은행에 당좌예입하다.

(11) 종업원의 월급 ₩400,000을 현금으로 지급하다.

(12) 외상매출금 ₩120,000을 현금으로 회수하다.

(13) 단기차입금 ₩300,000과 그에 대한 이자 ₩5,000을 함께 현금으로 지급하다.

(14) 영업용 건물 ₩2,000,000을 구입하고, 대금 중 ₩1,500,000은 현금으로 지급하고, 잔액은 월말에 지급하기로 하다.

(15) 현금 ₩2,000,000을 차입하여 영업을 개시하다.

(16) 단기대여금에 대한 이자 ₩20,000을 현금으로 받다.

No.	차 변 과 목	금 액	대 변 과 목	금 액
(1)				
(2)				
(3)				
(4)				
(5)				
(6)				
(7)				
(8)				
(9)				
(10)				
(11)				
(12)				
(13)				
(14)				
(15)				
(16)				

13 다음 거래를 분개하시오.

(1) 현금 ₩500,000과 건물 ₩1,000,000으로 영업을 개시하다.

(2) 신문구독료 ₩8,000을 현금으로 지급하다.

(3) 상품 ₩420,000(원가 ₩350,000)을 외상으로 매출하다.

(4) 상품매매의 중개수수료 ₩20,000을 현금으로 받다.

(5) 외상매입금 ₩150,000을 현금으로 지급하다.

(6) 우표 및 엽서 구입대금 ₩45,000을 현금으로 지급하다.

(7) 단기대여금 ₩500,000과 그 이자 ₩20,000을 함께 현금으로 회수하다.

(8) 영업용 트럭 ₩8,000,000을 구입하고, 대금 중 ₩5,000,000은 수표를 발행하여 지급하고 잔액은 1개월 후에 지급하기로 하다.

(9) 광주상사에서 상품 ₩350,000을 외상매입하다.

(10) 영업용 비품 ₩80,000을 구입하고, 대금은 외상으로 하다.

(11) 단기차입금 ₩600,000에 대한 이자 ₩5,000을 현금으로 지급하다.

(12) 상품 ₩520,000(원가 ₩400,000)을 매출하고, 대금 중 ₩200,000은 현금으로 받고, 잔액은 외상으로 하다.

(13) 점포에 대한 월세 ₩240,000을 현금으로 지급하다.

(14) 외상매출금 ₩150,000을 현금으로 회수하다.

(15) 현금 ₩10,000권 지폐를 ₩1,000권 지폐 10장으로 교환하다.

No.	차 변 과 목	금 액	대 변 과 목	금 액
(1)				
(2)				
(3)				
(4)				
(5)				
(6)				
(7)				
(8)				
(9)				
(10)				
(11)				
(12)				
(13)				
(14)				
(15)				

다음 거래를 분개하시오.

(1) 상품 ₩250,000을 매입하고, 대금 중 ₩150,000은 현금으로 지급하고, 잔액은 외상으로 하다.

(2) 거래처에 현금 ₩200,000을 2개월 후 상환조건으로 대여하다.

(3) 거래처로부터 받은 개업축하 현금 ₩30,000을 잡이익으로 처리하다.

(4) 상품 원가 ₩250,000을 ₩300,000에 매출하고, 대금은 월말에 받기로 하다.

(5) 강릉상사로 부터 상품 ₩500,000을 주문받다.

(6) 상품 ₩800,000(원가 ₩750,000)을 매출하고, 대금 중 반액은 현금으로 받고, 나머지는 외상으로 하다.

(7) 제주상사의 외상대금 ₩120,000을 현금으로 회수하다.

(8) 부산상사에 상품 ₩500,000(원가 ₩420,000)을 외상으로 매출하고, 발송운임 ₩3,000을 현금으로 지급하다.

(9) 인천상사에서 상품 ₩250,000을 외상매입하고, 인수운임 ₩4,000을 현금으로 지급하다.

(10) 파스칼상사에 대한 외상매입금 ₩500,000 중 ₩200,000을 현금으로 지급하다.

(11) 겨울철 난방용 석유대금 ₩30,000을 현금으로 지급하다.

(12) 상공회의소 회비 ₩50,000을 현금으로 지급하다.

(13) 기업주가 개인사용으로 현금 ₩280,000을 인출하다.

(14) 사원 홍길동의 결혼축하금 ₩320,000을 현금으로 지급하다.

(15) 거래은행에 만기 1년의 정기예금을 개설하고, 현금 ₩1,000,000을 예탁하다.

No.	차 변 과 목	금 액	대 변 과 목	금 액
(1)				
(2)				
(3)				
(4)				
(5)				
(6)				
(7)				
(8)				
(9)				
(10)				
(11)				
(12)				
(13)				
(14)				
(15)				

15 다음 거래를 분개하고, 아래 계정에 전기하시오.

4월 1일 현금 ₩600,000을 출자하여 영업을 시작하다.

3일 상품 ₩300,000을 매입하고, 대금은 현금으로 지급하다.

7일 영업용 비품 ₩100,000을 구입하고, 대금은 현금으로 지급하다.

10일 원가 ₩200,000의 상품을 ₩250,000에 외상으로 매출하다.

15일 현금 ₩150,000을 차입하다.

20일 상품 ₩200,000을 매입하고, 대금은 외상으로 하다.

23일 외상매출금 ₩100,000을 현금으로 회수하다.

25일 종업원 급여 ₩60,000을 현금으로 지급하다.

27일 상품 ₩400,000(원가 ₩300,000)을 매출하고, 대금은 현금으로 받다.

No.	차 변 과 목	금 액	대 변 과 목	금 액
4/ 1				
3				
7				
10				
15				
20				
23				
25				
27				

현   금

외 상 매 출 금

비   품

상   품

외 상 매 입 금

단 기 차 입 금

자   본   금

상 품 매 출 이 익

종 업 원 급 여

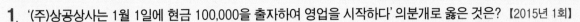

1. '(주)상공상사는 1월 1일에 현금 100,000을 출자하여 영업을 시작하다' 의분개로 옳은 것은? 【2015년 1회】

① (차) 현　　　금 100,000　(대) 자 본 금 100,000　　② (차) 자 본 금 100,000　(대) 현　　　금 100,000
③ (차) 손　　　익 100,000　(대) 자 본 금 100,000　　④ (차) 자 본 금 100,000　(대) 손　　　익 100,000

2. 거래처인 남대문상사에 현금 ₩70,000을 3개월간 빌려주고 차용증서를 받았다. 옳은 분개는? 【2010년 1회】

① (차) 단기대여금 70,000　(대) 현　　　금 70,000　　② (차) 외상매출금 70,000　(대) 현　　　금 70,000
③ (차) 선 급 금 70,000　(대) 현　　　금 70,000　　④ (차) 단기차입금 70,000　(대) 현　　　금 70,000

3. 다음 거래를 분개할 경우 옳은 것은? 【2016년 3회】

> 종업원에 대한 급여 ₩1,500,000을 자기앞수표로 지급하다.

① (차) 종업원급여 1,500,000　(대) 현　　　금 1,500,000　　② (차) 종업원급여 1,500,000　(대) 자기앞수표 1,500,000
③ (차) 종업원급여 1,500,000　(대) 당 좌 예 금 1,500,000　　④ (차) 종업원급여 1,500,000　(대) 보 통 예 금 1,500,000

4. 다음 거래를 알맞게 분개한 것으로 옳은 것은? 【2017년 2회, 2016년 2회】

> 영업부 직원들이 상공회관에서 저녁식사 후 식대 ₩150,000을 법인신용카드로 결제하다.

① (차) 복리후생비 150,000　(대) 단기차입금 150,000　　② (차) 복리후생비 150,000　(대) 미 수 금 150,000
③ (차) 복리후생비 150,000　(대) 미 지 급 금 150,000　　④ (차) 복리후생비 150,000　(대) 외상매입금 150,000

5. 다음 중 계정 잔액의 표시가 옳지 않은 것은? 【2013년 3회】

①	비　　품		②	자 본 금	
		100,000			200,000

③	현　　금		④	매 입 채 무	
	150,000				50,000

6. 다음 계정 기입에 대한 설명으로 옳은 것은? 【2009년 2회】

	현　　금			외상매입금	
		400,000		400,000	

① 상품 ₩400,000을 외상으로 매입하다.
② 외상매출금 ₩400,000을 현금으로 받다.
③ 외상매입금 ₩400,000을 현금으로 지급하다.
④ 상품 ₩400,000을 매출하고, 대금은 현금으로 받다.

04 장 부

01 장부(帳簿 : accounting book)

기업의 경영 활동에서 발생하는 모든 거래를 조직적, 계속적으로 기록·계산·정리하여 기업의 경영 활동에 관한 원인과 결과를 명백히 하기 위한 기록상의 지면을 장부라 한다.

【 NCS 연결고리 】

능력 단위	결산 관리 (0203020104_14v2)	능력단위 요소 (수준)	장부 마감하기(0203020104_14v2.2)(3수준)
영역과의 관계	기업의 일정 기간 경영 활동을 통하여 발생한 자산 · 부채 · 자본 및 수익 · 비용의 각 계정을 정리하여 장부를 마감하는데 도움이 될 것이다.		

02 장부의 분류

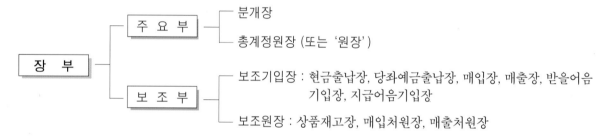

- 장 부
  - 주 요 부
    - 분개장
    - 총계정원장 (또는 '원장')
  - 보 조 부
    - 보조기입장 : 현금출납장, 당좌예금출납장, 매입장, 매출장, 받을어음기입장, 지급어음기입장
    - 보조원장 : 상품재고장, 매입처원장, 매출처원장

03 분개장(分介帳 : journal book)

모든 거래를 발생순서대로 분개하여 기입하는 장부를 분개장이라 하며, 병립식과 분할식이 있다.

(1) 병립식 분개장

분 개 장 (1)

날 짜		적 요	원면	차 변	대 변
4	1	(현 금)	1	1,000,000	
		(자 본 금)	8		1,000,000
		현금 출자하여 개업하다.			

(2) 분할식 분개장

분 개 장 (1)

차 변	원면	적 요	원면	대 변
1,000,000	1	4/1 (현 금) (자 본 금) 현금 출자하여 개업하다. 4/2	8	1,000,000

04 총계정원장(總計定元帳 : general ledger)

분개장에 분개 기입된 거래 내용을 계정과목별로 전기하여 기록할 수 있도록 모든 계정계좌가 설정되어 있는 장부를 총계정원장 또는 원장이라 하며 표준식과 잔액식이 있다.(학습편의상 T자형 사용)

(1) 표준식 총계정원장　　　　　　현　　　　　　금　　　　　　(1)

날 짜		적 요	분면	금 액	날 짜		적 요	분면	금 액
4	1	자 본 금	1	1,000,000					

(2) 잔액식 총계정원장　　　　　　현　　　　　　금　　　　　　(1)

날 짜		적 요	분면	차 변	대 변	차·대	잔 액
4	1	자 본 금	1	1,000,000		차	1,000,000

▶ 장부기입을 간단히 하기 위하여 다음과 같은 기호를 사용한다.

- ₩(won)·················· 원
- @₩ ·················· 단가
- #(number) ············· 번호
- Dr(debtor) ············· 차변
- Cr(creditor) ············· 대변
- a/c(account) ··········· 계정
- 〃 ·················· 위와 같음
- 원면 ·········· 원장의 면수
- 분면 ·········· 분개장의 면수

05 회계의 순환 과정

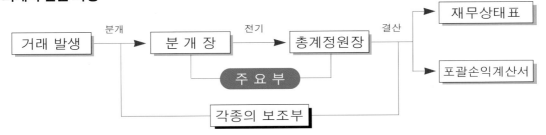

기출 확인 문제

1. 다음 설명에 해당하는 장부는? 【2008년 3회】

> 거래가 발생하면 거래 내용을 분석하여 발생 순서대로 기입하는 장부이다. 이는 거래의 내용을 총계정 원장의 각 계정계좌에 전기하기 위한 준비 또는 매개 역할을 한다.

① 총계정원장　　　　② 분개장　　　　③ 매출처원장　　　　④ 상품재고장

다음 파스칼상사의 거래를 분개장에 기입 마감하고, 총계정원장에 전기하시오. 단, 4월 20일 거래부터는 분개장 2면에 기입할 것.

4월 1일 현금 ₩700,000을 출자하여 영업을 개시하다.

3일 영업용 책상, 의자 ₩60,000을 현금으로 구입하다.

6일 대한상사에서 상품 ₩300,000을 매입하고, 대금은 외상으로 하다.

8일 상공상사에서 현금 ₩500,000을 차입하다.

12일 서울상사에 상품 ₩350,000(원가 ₩250,000)을 매출하고, 대금 중 ₩200,000은 현금으로 받고, 잔액은 외상으로 하다.

15일 대한상사에 대한 외상매입금 ₩200,000을 현금으로 지급하다.

16일 상품매매를 알선하고 중개수수료 ₩12,000을 현금으로 받다.

20일 상공상사에 대한 단기차입금 ₩300,000과 이자 ₩8,000을 현금으로 지급하다.

23일 서울상사의 외상매출금 ₩100,000을 현금으로 회수하다.

25일 이달분 종업원급여 ₩70,000을 현금으로 지급하다.

30일 이달분 사무실 임차료 ₩50,000을 현금으로 지급하다.

분   개   장 (1)

날 짜	적 요	원 면	차 변	대 변
	다 음 면 에			

분 개 장 (2)

날 짜		적 요	원 면	차 변	대 변
		앞면에서			
4	20				

총 계 정 원 장

현 금 (1)	외 상 매 출 금 (2)
비 품 (4)	상 품 (3)
단 기 차 입 금 (6)	외 상 매 입 금 (5)
상 품 매 출 이 익 (8)	자 본 금 (7)
임 차 료 (11)	수 수 료 수 익 (9)
	종 업 원 급 여 (10)
	이 자 비 용 (12)

능력 단위 요소	장부 마감하기 (0203020104_14v2.2) (3수준)				
자가 진단 내용	나는 회계 관련 규정에 따라 주요 장부를 마감할 수 있다.				
문항 평가	매우 미흡 ①	미흡 ②	보통 ③	우수 ④	매우 우수 ⑤

회계 와 Business

영화 「쇼생크 탈출」과 회계

사회에서 촉망받던 은행 간부인 앤디 듀프레인(팀 로빈스)은 아내와 그녀의 정부를 살해했다는 누명을 쓰고 종신형을 선고 받는다. 쇼생크 감옥에 수감되면서 악명 높은 교도관과, 악질 동료들의 괴롭힘을 받으며 버티고 있던 중 은행 간부 시절의 회계 실력을 발휘, 교도관과 교도소장의 세금을 면제받게 해 주고, 덕분에 교도소의 비공식 회계사, 교도소장의 재정 상담역이 되어 자신의 억울한 수감 생활을 담담하게 받아들이며 감옥에서 적응해 가던 앤디는 우연히 자신의 아내와 정부를 살해한 진짜 살인범의 정체를 알게 되어 누명을 벗을 기회를 맞지만, 교도소장은 자신의 부정이(앤디가 교도소장의 부정한 방법으로 모은 돈을 관리해 옴) 앤디가 사회로 나가는 순간 밝혀질 게 두려워 억울함을 밝힐 수 있는 기회를 차단한다.

- 출처 : www.naver.com -

결국 앤디는 탈옥을 결심하고, 수년 간의 치밀한 준비로 결국 탈옥에 성공하여 자신이 관리하던 교도소장의 수십년간 축적한 검은 돈을 모두 빼앗아 버리고, 또한 교도소장과 자신을 괴롭히던 교도관들의 부정을 기록해 둔 '탈세 장부'를 신문사에 제보하면서 복수에 성공하고 멕시코 해변가로 유유히 사라져 버린다.

- 출처 : www.naver.com -

영화의 결말은 앤디가 자신을 도와주고 믿어줬던 모건 프리먼과 멕시코 해변가에서 재회하는 장면에서 영화는 막을 내린다. 「쇼생크 탈출」은 감옥이라는 최악의 조건과 살인죄의 누명을 쓴 억울함 속에서도, 포기하지 않는 강한 인간의 자유 의지를 보여주는 그런 영화다.

영화 「쇼생크 탈출」을 통해 필자가 느낀 것은 만약 앤디가 회계와 세무에 대한 지식이 없었다면 교도소 내의 수용 생활은 물론 탈옥을 어떻게 성공하며 복수까지 할 수 있었을까? 라는 것이다.

회계의 관점에서 보면 주인공 앤디가 교도소장의 부정적인 자금을 세탁하고 관리할 때 회계 책임이나 수탁 책임 자체로는 아무 문제없이 성실히 직무를 수행했지만 자기의 목적을 위해 회계 시스템 자체를 마음대로 조정한 점은 Business상 한 번은 생각해 보아야 하지 않을까? 여기서 우리가 알아야 하는 것은 어떤 회계 처리 방법을 사용하느냐에 따라 결산의 결과가 다르게 나타난다는 것이다.

05 시산표

01 시산표(試算表 : trial balance, T/B)의 뜻

분개장에서 총계정원장의 전기가 정확하게 되었는가를 검사하기 위하여 작성하는 계정 집계표를 시산 표라고 하며, 시산표는 연도말에만 작성되는 것은 아니고, 매월(월계표), 매주(주계표), 매일(일계표) 작 성하기도 한다.

02 시산표의 종류

(1) 합계시산표 : 원장 각 계정의 차변 합계액과 대변 합계액을 집계하여 작성한 것으로 합계시산표의 대, 차 합계액은 거래총액을 나타내며, 분개장의 합계금액과도 일치한다.

(2) 잔액시산표 : 원장 각 계정의 잔액을 산출하여 작성하는 시산표

기말자산 + 총비용 = 기말부채 + 기초자본 + 총수익 ‥‥‥‥‥ 시산표 등식

(3) 합계 잔액시산표 : 합계시산표와 잔액시산표를 합한 것

03 시산표의 작성 예제

현 금 (1)		상 품 (2)		외 상 매 입 금 (3)	
150,000	100,000	80,000	50,000	50,000	65,000

자 본 금 (4)		상 품 매 출 이 익 (5)		종 업 원 급 여 (6)	
	60,000		25,000	20,000	

합 계 시 산 표

차 변	원면	계 정 과 목	대 변
150,000	1	현 금	100,000
80,000	2	상 품	50,000
50,000	3	외 상 매 입 금	65,000
	4	자 본 금	60,000
	5	상 품 매 출 이 익	25,000
20,000	6	종 업 원 급 여	
300,000			300,000

잔 액 시 산 표

차 변	원면	계 정 과 목	대 변
50,000	1	현 금	
30,000	2	상 품	
	3	외 상 매 입 금	15,000
	4	자 본 금	60,000
	5	상 품 매 출 이 익	25,000
20,000	6	종 업 원 급 여	
100,000			100,000

합 계 잔 액 시 산 표

차 변		원면	계 정 과 목	대 변	
잔 액	합 계			합 계	잔 액
50,000	150,000	1	현 금	100,000	
30,000	80,000	2	상 품	50,000	
	50,000	3	외 상 매 입 금	65,000	15,000
		4	자 본 금	60,000	60,000
		5	상 품 매 출 이 익	25,000	25,000
20,000	20,000	6	종 업 원 급 여		
100,000	300,000			300,000	100,000

01 다음 총계정원장의 기록에 의하여 합계시산표, 잔액시산표, 합계잔액시산표를 작성하시오.

현금및현금성자산 (1)		단기금융상품 (2)		외 상 매 출 금 (3)	
630,000	390,000	45,000		130,000	50,000

상 품 (4)		건 물 (5)		외 상 매 입 금 (6)	
350,000	300,000	200,000		80,000	100,000

단 기 차 입 금 (7)		자 본 금 (8)		상 품 매 출 이 익 (9)	
20,000	50,000		500,000		80,000

임 대 료 (10)		종 업 원 급 여 (11)		이 자 비 용 (12)	
	30,000	40,000		5,000	

합 계 시 산 표

차 변	원면	계 정 과 목	대 변

잔 액 시 산 표

차 변	원면	계 정 과 목	대 변

합 계 잔 액 시 산 표

차 변		원면	계 정 과 목	대 변	
잔 액	합 계			합 계	잔 액

02 다음 총계정원장의 기록에 의하여 합계시산표를 작성하시오. 단, 자본금은 각자 계산할 것.

현 금 (1)		외 상 매 출 금 (2)	
480,000	150,000	260,000	120,000

단 기 대 여 금 (3)		상 품 (4)	
50,000		480,000	420,000

비 품 (5)		외 상 매 입 금 (6)	
50,000		120,000	230,000

단 기 차 입 금 (7)		자 본 금 (8)	
	40,000		( )

상 품 매 출 이 익 (9)		이 자 수 익 (10)	
	70,000		15,000

종 업 원 급 여 (11)		임 차 료 (12)	
18,000		2,000	

합 계 시 산 표

차 변	원면	계 정 과 목	대 변

---

03 다음 총계정원장을 자료로 하여 잔액시산표를 작성하시오. 단 자본금은 각자 계산할 것.

현 금 (1)		외 상 매 출 금 (2)	
580,000	170,000	270,000	140,000

상 품 (3)		비 품 (4)	
620,000	390,000	100,000	

외 상 매 입 금 (5)		단 기 차 입 금 (6)	
200,000	350,000	30,000	50,000

자 본 금 (7)		상 품 매 출 이 익 (8)	
	( )		250,000

이 자 수 익 (9)		종 업 원 급 여 (10)	
	40,000	70,000	

통 신 비 (11)		이 자 비 용 (12)	
15,000		5,000	

잔 액 시 산 표

차 변	원면	계 정 과 목	대 변

다음 총계정원장에 의하여 합계잔액시산표를 작성하시오. 단, 자본금은 각자 계산할 것.

현 금 (1)	
530,000	230,000

당 좌 예 금 (2)	
400,000	350,000

외 상 매 출 금 (3)	
820,000	600,000

상 품 (4)	
920,000	700,000

비 품 (5)	
200,000	

외 상 매 입 금 (6)	
320,000	420,000

지 급 어 음 (7)	
130,000	200,000

자 본 금 (8)	
	( )

상 품 매 출 이 익 (9)	
	180,000

수 수 료 수 익 (10)	
	20,000

종 업 원 급 여 (11)	
80,000	

보 험 료 (12)	
15,000	

임 차 료 (13)	
10,000	

광 고 선 전 비 (14)	
25,000	

잡 비 (15)	
10,000	

합 계 잔 액 시 산 표

차 변		원면	계 정 과 목	대 변	
잔 액	합 계			합 계	잔 액

다음 대한상사의 6월 중 거래를 분개하고, 아래의 계정에 전기한 후 합계잔액시산표를 작성하시오.

(1) 현금 ₩1,000,000(차입금 ₩200,000 포함)을 출자하여 영업을 시작하다.
(2) 사무용 비품 ₩150,000을 현금으로 구입하다.
(3) 부산상사에서 상품 ₩500,000을 매입하고, 대금 중 ₩300,000은 현금으로 지급하고, 잔액은 외상으로 하다.
(4) 대전상사에 상품 ₩450,000(원가 ₩300,000)을 외상으로 매출하다.
(5) 외상매입금 ₩120,000을 현금으로 지급하다.
(6) 단기차입금 ₩150,000과 이자 ₩10,000을 함께 현금으로 지급하다.
(7) 외상매출금 ₩250,000을 현금으로 회수하다.
(8) 동해상사에 상품 ₩150,000(원가 ₩100,000)을 현금으로 매출하다.
(9) 이달분 급여 ₩50,000을 현금으로 지급하다.

No.	차변과목	금 액	대변과목	금 액	No.	차변과목	금 액	대변과목	금 액
(1)					(5)				
(2)					(6)				
(3)					(7)				
(4)					(8)				
					(9)				

현　　　금　(1)

외 상 매 입 금　(5)

종 업 원 급 여　(9)

외 상 매 출 금　(2)

비　　　품　(4)

단 기 차 입 금　(6)

이 자 비 용　(10)

상　　　품　(3)

자 본 금　(7)

상 품 매 출 이 익　(8)

합 계 잔 액 시 산 표

차 변		원면	계 정 과 목	대 변	
잔 액	합 계			합 계	잔 액

다음 서울상사는 회계 기말에 잔액시산표를 작성하였으나 그 대·차의 합계 금액이 일치하지 않았다. 틀린 곳을 찾아 정확한 잔액시산표를 작성하시오.

잔 액 시 산 표

차 변	원면	계 정 과 목	대 변
100,000	1	현 금	
	2	외 상 매 출 금	175,000
	3	단 기 대 여 금	160,000
105,000	4	상 품	
300,000	5	건 물	
	6	외 상 매 입 금	270,000
192,000	7	단 기 차 입 금	
	8	자 본 금	280,000
295,000	9	상 품 매 출 이 익	
23,000	10	수 수 료 수 익	
	11	종 업 원 급 여	150,000
	12	보 험 료	45,000
25,000	13	잡 비	
1,040,000			1,080,000

잔 액 시 산 표

차 변	원면	계 정 과 목	대 변
	1	현 금	
	2	외 상 매 출 금	
	3	단 기 대 여 금	
	4	상 품	
	5	건 물	
	6	외 상 매 입 금	
	7	단 기 차 입 금	
	8	자 본 금	
	9	상 품 매 출 이 익	
	10	수 수 료 수 익	
	11	종 업 원 급 여	
	12	보 험 료	
	13	잡 비	

07 다음 총계정원장 잔액을 자료로 하여 잔액시산표를 완성하시오. 단, 자본금은 각자 계산할 것.

【 총계정원장 잔액 】

현 금	₩ 252,000
당 기 손 익 금 융 자 산	240,000
외 상 매 출 금	104,000
상 품	60,000
비 품	100,000
외 상 매 입 금	84,000
지 급 어 음	50,000
자 본 금	( )
상 품 매 출 이 익	240,000
이 자 수 익	48,000
종 업 원 급 여	34,000
보 험 료	10,000
잡 비	20,000
소 모 품 비	2,000

잔 액 시 산 표

차 변	원면	계 정 과 목	대 변
		현 금	
		당기손익금융자산	
		외 상 매 출 금	
	︵ 생	상 품	
		비 품	
		외 상 매 입 금	
		지 급 어 음	
		자 본 금	
		상 품 매 출 이 익	
	략	이 자 수 익	
	︶	종 업 원 급 여	
		보 험 료	
		잡 비	
		소 모 품 비	

06 정산표

01 정산표(精算表 : working sheet, W/S)

결산의 본 절차에 들어가기에 앞서 잔액시산표를 기초로 하여 포괄손익계산서와 재무상태표를 작성하는 과정을 하나의 일람표로 나타내는 것을 정산표라 한다.(가결산 보고서)

02 정산표의 종류

정산표의 종류는 금액을 기입하는 난의 수에 따라 6위식, 8위식, 10위식 정산표가 있다.

03 정산표의 작성 방법

(1) 잔액시산표란에 원장의 모든 계정의 잔액을 옮겨 적는다(자산·부채·자본·수익·비용의 순서)

(2) 잔액시산표란의 각 계정과목 중 수익에 속하는 계정의 금액은 포괄손익계산서란의 대변에, 비용에 속하는 계정의 금액은 포괄손익계산서란의 차변에 옮겨 적는다.

(3) 잔액시산표란의 각 계정과목 중 자산에 속하는 계정의 금액은 재무상태표란의 차변에, 부채와 자본에 속하는 계정의 금액은 재무상태표란의 대변에 옮겨 적는다.

(4) 포괄손익계산서란 및 재무상태표란의 대·차 차액을 당기순이익(또는 당기순손실)으로 하여 금액이 적은쪽에 기입하고, 대·차를 평균시켜 마감한다.

04 6위식 정산표의 작성 예제

총 계 정 원 장

현 금		상 품		외 상 매 입 금	
150,000	100,000	80,000	50,000	50,000	65,000

자 본 금		상 품 매 출 이 익		종 업 원 급 여	
	60,000		25,000	20,000	

정 산 표

계 정 과 목	잔 액 시 산 표		포괄손익계산서		재 무 상 태 표	
	차 변	대 변	차 변	대 변	차 변	대 변
현 금	50,000				50,000	
상 품	30,000				30,000	
외 상 매 입 금		15,000				15,000
자 본 금		60,000				60,000
상 품 매 출 이 익		25,000		25,000		
종 업 원 급 여	20,000		20,000			
당 기 순 이 익			5,000			5,000
	100,000	100,000	25,000	25,000	80,000	80,000

01 다음 정산표를 완성하시오.

정 산 표

계 정 과 목	잔 액 시 산 표 차 변	잔 액 시 산 표 대 변	포괄손익계산서 차 변	포괄손익계산서 대 변	재 무 상 태 표 차 변	재 무 상 태 표 대 변
현 금	120,000				( )	
단 기 금 융 상 품	100,000				( )	
외 상 매 출 금	80,000				( )	
단 기 대 여 금	50,000				( )	
상 품	150,000				( )	
비 품	80,000				( )	
외 상 매 입 금		150,000				( )
단 기 차 입 금		50,000				( )
자 본 금		300,000				( )
상 품 매 출 이 익		150,000		( )		
종 업 원 급 여	40,000		( )			
이 자 비 용	30,000		( )			
당 기 순 이 익			( )			( )
	650,000	650,000	( )	( )	( )	

02 다음 정산표를 완성하시오. 단, 자본금은 각자 계산할 것.

정 산 표

계 정 과 목	잔 액 시 산 표 차 변	잔 액 시 산 표 대 변	포괄손익계산서 차 변	포괄손익계산서 대 변	재 무 상 태 표 차 변	재 무 상 태 표 대 변
현 금	150,000				( )	
단 기 금 융 상 품	100,000				( )	
외 상 매 출 금	120,000				( )	
상 품	230,000				( )	
비 품	50,000				( )	
외 상 매 입 금		70,000				( )
지 급 어 음		80,000				( )
단 기 차 입 금		50,000				( )
자 본 금		( )				( )
상 품 매 출 이 익		100,000		( )		
이 자 수 익		30,000		( )		
종 업 원 급 여	120,000		( )			
임 차 료	30,000		( )			
보 험 료	20,000		( )			
이 자 비 용	10,000		( )			
당 기 순 손 실				( )	( )	
	( )	( )	( )	( )	( )	( )

03 다음 정산표를 완성하시오.

정 산 표

계 정 과 목	잔 액 시 산 표		포괄손익계산서		재 무 상 태 표	
	차 변	대 변	차 변	대 변	차 변	대 변
현금및현금성자산	( )					
단 기 금 융 자 산	200,000					
매 출 채 권	120,000					
상 품	80,000					
매 입 채 무		150,000				
단 기 차 입 금		70,000				
자 본 금		( )				
상 품 매 출 이 익		140,000				
수 수 료 수 익		20,000				
종 업 원 급 여	90,000					
보 험 료	10,000					
임 차 료	25,000					
이 자 비 용	5,000					
( )						
	680,000	680,000				

04 다음 정산표를 완성하시오.

정 산 표

계 정 과 목	잔 액 시 산 표		포괄손익계산서		재 무 상 태 표	
	차 변	대 변	차 변	대 변	차 변	대 변
현 금	320,000				( )	
단 기 금 융 상 품	( )				( )	
외 상 매 출 금	( )				200,000	
상 품	200,000				( )	
비 품	100,000				( )	
외 상 매 입 금		160,000				( )
지 급 어 음		( )				80,000
단 기 차 입 금		40,000				( )
자 본 금		( )				( )
상 품 매 출 이 익		120,000		( )		
수 수 료 수 익		( )		30,000		
종 업 원 급 여	( )		( )			
임 차 료	( )		4,000			
광 고 선 전 비	6,000		( )			
보 험 료	( )		15,000			
이 자 비 용	5,000		( )			
( )			( )			( )
	965,000	965,000	( )	( )	920,000	( )

07 결 산

01 결산(決算 : closing)의 뜻

회계기간 말에 모든 장부를 정리·마감하여 기업의 재무상태와 재무성과를 정확하게 파악하는 것을 결산이라 한다.

【 NCS 연결고리 】

능력 단위	결산 관리 (0203020104_14v2)	능력 단위 요소 (수준)	결산 분개하기(0203020104_14v2.1)(3수준)
			장부 마감하기(0203020104_14v2.2)(3수준)
영역과의 관계	재무상태를 파악하기 위하여 기말 결산일 현재의 자산·부채·자본을 측정 평가하고 일정 기간의 수익·비용을 확정하여 재무성과를 파악함과 동시에 각 계정을 정리하여 장부를 마감하고 재무제표를 작성하는데 도움이 될 것이다.		

02 결산의 절차

결산의 절차는 예비 절차·본 절차·결산 보고서 작성 절차로 나눌 수 있다.

(1) 결산의 예비 절차	① 시산표의 작성 ② 결산 수정 분개(3급 범위) ③ 정산표의 작성

⬇

(2) 결산의 본 절차	① 총계정원장의 마감 ② 분개장과 기타 보조장부의 마감

⬇

(3) 결산보고서 작성 절차	① 재무상태표 작성 ② 포괄손익계산서 작성

03 총계정원장의 마감

(1) 수익·비용 계정의 마감

① 집합 계정인 손익 계정을 설정한다.

② 수익 계정을 손익 계정 대변에 대체하고, 대체 분개를 한다.

대 체 분 개	(차) 상품매출이익 50,000 (대) 손 익 50,000

⬇ 전 기

원 장	손 익	(대체기입)	상 품 매 출 이 익
	상품매출이익 50,000 ←		손 익 50,000 ××× 50,000

③ 비용 계정을 손익 계정 차변에 대체하고, 대체 분개를 한다.

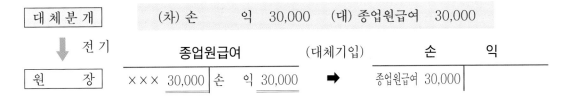

④ 손익 계정에 집합된 총수익(대변 합계)과 총비용(차변 합계)을 비교하여 차액인 당기순이익(또는 당기순손실)을 자본금 계정에 대체하고, 대체 분개를 한다.

(가) 당기순이익이 발생한 경우

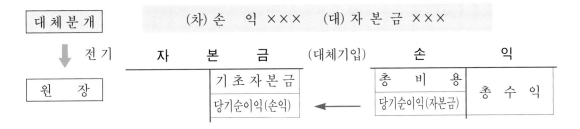

(나) 당기순손실이 발생한 경우

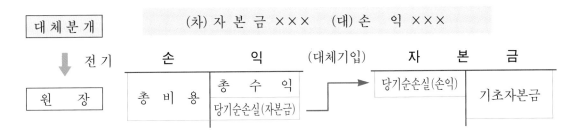

(2) 자산·부채·자본 계정의 마감

자산·부채·자본에 속하는 계정을 마감하는 방법에는 영미식과 대륙식이 있으나, 대륙식은 실무에서 사용하고 있지 않으므로 영미식 마감 방법만 설명하기로 한다.

① 자산·부채·자본 계정의 마감과 이월

자산·부채·자본 각 계정의 잔액을 산출하여 적은 쪽에 붉은색으로 '차기이월'이라 기입하여 마감하고, 다음 회계 연도 개시일에 차기이월을 기입한 반대쪽에 '전기이월'이라 개시 기입한다.

② 이월시산표의 작성

자산·부채·자본 계정의 마감은 분개를 통하지 않고 하였으므로 이월액의 정확성 여부를 확인할 수가 없다. 그러므로 이들 계정의 차기이월액의 정확성 여부를 확인하기 위하여 작성하는 표를 이월시산표라 한다.

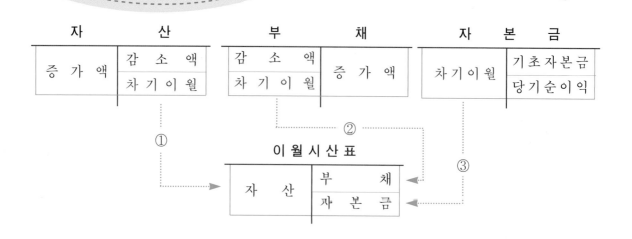

자 산

| 증 가 액 | 감 소 액 |
| | 차 기 이 월 |

부 채

| 감 소 액 | 증 가 액 |
| 차 기 이 월 | |

자 본 금

| 차 기 이 월 | 기 초 자 본 금 |
| | 당 기 순 이 익 |

이 월 시 산 표

| 자 산 | 부 채 |
| | 자 본 금 |

① ② ③

기 본 연 습 문 제

01 다음은 총계정원장의 일부이다. 수익·비용 계정을 마감하고, 마감에 필요한 분개와 당기순이익을 자본금 계정에 대체하는 분개를 하시오.

상 품 매 출 이 익

| | ××× | 320,000 |

임 대 료

| | ××× | 80,000 |

종 업 원 급 여

| ××× | 200,000 | |

보 험 료

| ××× | 80,000 | |

이 자 비 용

| ××× | 70,000 | |

자 본 금

| | ××× | 1,000,000 |
| ( ) | ( ) |

손 익

No.	구 분	차 변 과 목	금 액	대 변 과 목	금 액
(1)	수익 계정 대체 분개				
(2)	비용 계정 대체 분개				
(3)	당기순이익 대체 분개				

02 다음은 총계정원장의 일부이다. 수익·비용 계정을 마감하고, 마감에 필요한 분개와 당기순손실을 자본금 계정에 대체하는 분개를 하시오.

상 품 매 출 이 익

	×××	120,000

수 수 료 수 익

	×××	30,000

종 업 원 급 여

×××	130,000	

임 차 료

×××	27,000	

광 고 선 전 비

×××	15,000	

자 본 금

( )	( )	×××	1,000,000

손 익

No.	구 분	차변과목	금 액	대변과목	금 액
(1)	수익 계정 대체 분개				
(2)	비용 계정 대체 분개				
(3)	당기순손실 대체 분개				

03 다음은 총계정원장의 일부이다. 수익·비용 계정을 마감하고, 마감에 필요한 분개와 당기순이익을 자본금 계정에 대체하는 분개를 하시오.

상 품 매 출 이 익	
	××× 280,000

임 대 료	
	××× 20,000

종 업 원 급 여	
××× 150,000	

세 금 과 공 과	
××× 80,000	

이 자 비 용	
××× 30,000	

자 본 금	
	××× 1,500,000
( )	( )

손	익

No.	구 분	차변과목	금 액	대변과목	금 액
(1)	수익 계정 대체 분개				
(2)	비용 계정 대체 분개				
(3)	당기순이익 대체 분개				

능력 단위 요소	자가 진단 내용	문 항 평 가				
		매우 미흡	미흡	보통	우수	매우 우수
결산 분개하기 (0203020104_14v2.1) (3수준)	1. 나는 손익 계정에 관한 결산 대체 분개를 할 수 있다.	①	②	③	④	⑤
장부 마감하기 (0203020104_14v2.2) (3수준)	2. 나는 회계 관련 규정에 따라 총계정원장을 마감할 수 있다.	①	②	③	④	⑤

04 다음의 자산·부채·자본계정을 영미식으로 마감하고, 이월시산표를 작성하시오.

현			금	(1)
×××	380,000	×××	130,000	

외 상 매 출 금				(2)
×××	450,000	×××	320,000	

상			품	(3)
×××	500,000	×××	200,000	

단 기 차 입 금				(4)
		×××	50,000	

자	본		금	(6)
		×××	500,000	
		손 익	20,000	

외 상 매 입 금				(5)
×××	190,000	×××	300,000	

이 월 시 산 표

202×년 12월 31일

차 변	원면	계 정 과 목	대 변

05 다음 파스칼상사의 202×년 12월 31일의 원장 각 계정 차변과 대변의 합계액은 다음과 같다.

(1) 영미식 결산법에 의한 원장 마감과 대체 분개를 표시하시오.

(2) 이월시산표를 작성하시오.

(3) 재무상태표와 포괄손익계산서를 작성하시오.

현 금 (1)	
750,000	400,000

외 상 매 출 금 (2)	
320,000	200,000

단 기 대 여 금 (3)	
100,000	

상 품 (4)	
480,000	230,000

건 물 (5)	
80,000	

외 상 매 입 금 (6)	
170,000	320,000

지 급 어 음 (7)	
150,000	210,000

단 기 차 입 금 (8)	
	150,000

자 본 금 (9)	
	500,000

상 품 매 출 이 익 (10)	
	80,000

임 대 료 (11)	
	15,000

이 자 수 익 (12)	
	5,000

종 업 원 급 여 (13)	
30,000	

보 험 료 (14)	
8,000	

임　차　료	(15)
5,000	

통　신　비	(16)
7,000	

이　자　비　용	(17)
10,000	

이 월 시 산 표
202×년 12월 31일

차　변	원면	계 정 과 목	대　변

손　　　익	(18)

구　　분	차 변 과 목	금　액	대 변 과 목	금　액
수 익 계 정　대 체 분 개				
비 용 계 정　대 체 분 개				
당 기 순 이 익　대 체 분 개				

재 무 상 태 표
파스칼상사　202×년 12월 31일 현재　　단위:원

자　산	금　액	부채·자본	금　액

포 괄 손 익 계 산 서
파스칼상사　202×년 1월 1일부터 12월 31일까지　　단위:원

비　용	금　액	수　익	금　액

06 대한상사의 다음 자료에 의하여 영미식에 의한 대체 분개를 하고, 원장을 마감한 후 이월시산표를 작성하고, 재무상태표와 포괄손익계산서를 작성하시오.

현	금	(1)
125,000	95,000	

단 기 금 융 상 품		(2)
160,000	90,000	

외 상 매 출 금		(3)
92,000	42,000	

상	품	(4)
196,000	132,000	

토	지	(5)
86,000		

외 상 매 입 금		(6)
60,000	85,000	

지 급 어 음		(7)
80,000	100,000	

단 기 차 입 금		(8)
	50,000	

자 본 금		(9)
	200,000	

상 품 매 출 이 익		(10)
	45,000	

수 수 료 수 익		(11)
	3,000	

잡 이 익		(12)
	2,000	

종 업 원 급 여		(13)
24,000		

보 험 료		(14)
3,000		

통 신 비	(15)
4,000	

임 차 료	(16)
8,000	

이 자 비 용	(17)
6,000	

손 익	(18)

이 월 시 산 표
202×년 12월 31일

차 변	원면	계 정 과 목	대 변

구 분	차 변 과 목	금 액	대 변 과 목	금 액
수 익 계 정 대 체 분 개				
비 용 계 정 대 체 분 개				
당 기 순 이 익 대 체 분 개				

재 무 상 태 표
대한상사　202×년 12월 31일 현재　단위:원

자 산	금 액	부채·자본	금 액

포 괄 손 익 계 산 서
대한상사　202×년 1월 1일부터 12월 31일까지　단위:원

비 용	금 액	수 익	금 액

08 재무제표의 작성

01 재무제표(財務諸表 : financial statement, F/S)

일정 시점의 재무상태를 나타내는 재무상태표와 일정 기간의 재무성과를 나타내는 포괄손익계산서를 말한다.

02 이월시산표와 재무상태표의 관계 (기초자본금이 ₩300,000인 경우)

이 월 시 산 표

차 변	계정과목	대 변
500,000	자　　　　산	
	부　　　　채	180,000
	자　본　금	320,000
500,000		500,000

재 무 상 태 표

자 산	금 액	부채 · 자본	금 액
자　　산	500,000	부　　　　채	180,000
		자　본　금	300,000
		당기순이익	20,000
	500,000		500,000

03 손익 계정과 포괄손익계산서의 관계

손　　　익

총 비 용	60,000	총　수　익	80,000
자 본 금	20,000		
	80,000		80,000

포 괄 손 익 계 산 서

비 용	금 액	수 익	금 액
총 비 용	60,000	총　수　익	80,000
당기순이익	20,000		
	80,000		80,000

기 본 연 습 문 제

01 다음 이월시산표와 손익 계정에 의하여 재무상태표와 포괄손익계산서를 작성하시오.

이 월 시 산 표

현　　　　금	150,000	지 급 어 음	140,000
당 좌 예 금	120,000	외 상 매 입 금	180,000
당기손익금융자산	200,000	단 기 차 입 금	100,000
외 상 매 출 금	130,000	자 본 금	530,000
상　　　　품	300,000		
토　　　　지	50,000		
	950,000		950,000

재 무 상 태 표

자 산	금 액	부채 · 자본	금 액

	손	익	
종 업 원 급 여	135,000	상품매출이익	150,000
보 험 료	10,000	임 대 료	30,000
임 차 료	20,000	잡 이 익	20,000
이 자 비 용	5,000		
자 본 금	30,000		
	200,000		200,000

포괄손익계산서

비 용	금 액	수 익	금 액

02. 다음 동해상사의 2021×년 12월 31일 현재의 손익 계정과 이월시산표에 의하여 포괄손익계산서와 재무상태표를 작성하시오.

	손	익	
12/31 종업원급여	50,000	12/31 상품매출이익	240,000
〃 광고선전비	39,000	〃 수수료수익	30,000
〃 통 신 비	24,000		
〃 잡 비	5,000		
〃 이 자 비 용	2,000		
〃 자 본 금	150,000		
	270,000		270,000

이 월 시 산 표

차 변	계 정 과 목	대 변
185,000	현 금	
230,000	외 상 매 출 금	
120,000	받 을 어 음	
80,000	상 품	
700,000	건 물	
	지 급 어 음	115,000
	외 상 매 입 금	250,000
	단 기 차 입 금	100,000
	자 본 금	850,000
1,315,000		1,315,000

포 괄 손 익 계 산 서

동해상사　202×년 1월 1일부터 12월 31일까지　단위:원

비 용	금 액	수 익	금 액

재 무 상 태 표

동해상사　202×년 12월 31일 현재　단위:원

자 산	금 액	부채 · 자본	금 액

03 다음 자료에 의하여 (   )안에 알맞은 과목과 금액을 써 넣으시오.

손		익	
종업원급여	65,000	상품매출이익	( )
보 험 료	( )	이 자 수 익	( )
광고선전비	( )		
( )	( )		
	( )		( )

포 괄 손 익 계 산 서			
종업원급여	( )	상품매출이익	150,000
보 험 료	20,000	이 자 수 익	( )
광고선전비	( )		
당기순이익	50,000		
	160,000		180,000

이 월 시 산 표			
현 금	350,000	외상매입금	200,000
외상매출금	( )	지 급 어 음	( )
상 품	( )	자 본 금	( )
건 물	500,000		
	1,200,000		1,200,000

재 무 상 태 표			
현금및현금성자산	( )	매 입 채 무	350,000
매 출 채 권	150,000	자 본 금	( )
상 품	( )	당 기 순 이 익	50,000
건 물	( )		
	( )		( )

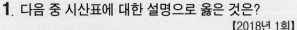

기출 확인 문제

1. 다음 중 시산표에 대한 설명으로 옳은 것은?
【2018년 1회】

① 작성시기에 따라 합계, 잔액, 합계잔액 시산표로 분류할 수 있다.
② 분개내용의 정확성을 검증할 수 있다.
③ 시산표를 통해 모든 오류를 검증할 수 있다.
④ 총계정원장에의 전기가 정확한가를 파악할 수 있다.

2. 다음 중 시산표에 대한 설명으로 옳지 않은 것은?
【2018년 3회】

① 시산표의 종류에는 합계시산표, 잔액시산표, 합계잔액시산표가 있다.
② 시산표 등식으로는 기말자산+총비용=기말부채+기초자본+총수익
③ 대차평균의 원리에 의해 오류를 찾아내는 자기검증의 기능을 가지고 있다.
④ 시산표 계정과목은 자산→부채→자본→비용→수익계정의 순으로 배열한다.

3. 다음 중 결산 예비 절차에서 작성되는 내용으로 옳지 않은 것은? 【2019년 3회, 2015년 3회】

① 이월시산표   ② 재고조사표
③ 수정전 시산표   ④ 수정후 시산표

4. 회계의 순환과정 중 결산의 절차를 바르게 나타낸 것은? 【2018년 2회】

① 결산정리분개-시산표 작성-보고서 작성-원장의 마감
② 보고서 작성-결산정리분개-원장의 마감-시산표 작성
③ 시산표 작성-결산정리분개-원장의 마감-보고서 작성
④ 원장의 마감-시산표 작성-보고서 작성-결산정리분개

5. 다음은 이월시산표와 관련된 내용이다. 해당하지 않는 것은? 【2018년 1회, 2014년 4회】

① 결산의 본 절차 과정에서 작성한다.
② 영미식으로 마감하였을 때 검증하는 절차이다.
③ 재무상태표를 작성하는 기초 자료가 된다.
④ 자산 · 부채 · 자본 · 수익 · 비용 순으로 작성한다.

6. 결산일에 종업원급여 계정을 결산 마감하고자 한다. 종업원급여 계정 (가)잔액을 (나)계정으로 대체시켜야 한다. (가)와 (나)의 내용으로 옳은 것은?
【2015년 3회】

① 차변, 예수금
② 차변, 손익
③ 대변, 차기이월
④ 대변, 자본금

1. 그림은 회계상의 거래에 대한 토론 학습 장면이다. 토론 내용이 옳지 않은 학생을 모두 고른 것은?

① 승연, 유라
② 채호, 주호
③ 주호, 승연
④ 영준
⑤ 유라, 주호

2. 그림은 거래의 종류를 나타낸 것이다. (가), (나)의 거래로 옳은 것을 〈보기〉에서 골라 바르게 짝지은 것은?

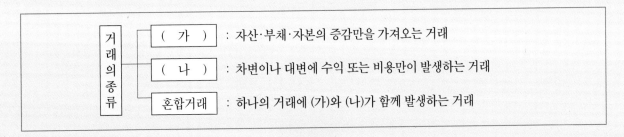

거래의 종류
(가) : 자산·부채·자본의 증감만을 가져오는 거래
(나) : 차변이나 대변에 수익 또는 비용만이 발생하는 거래
혼합거래 : 하나의 거래에 (가)와 (나)가 함께 발생하는 거래

―――― 보 기 ――――

ㄱ. 외상매입금 ₩200,000을 수표발행하여 지급하다.
ㄴ. 이번 달 전기요금 ₩35,000을 현금으로 납부하다.
ㄷ. 단기차입금 ₩500,000과 그 이자 ₩30,000을 현금으로 지급하다.

	(가)	(나)			(가)	(나)
①	ㄱ	ㄴ		②	ㄱ	ㄷ
③	ㄴ	ㄱ		④	ㄴ	ㄷ
⑤	ㄷ	ㄴ				

3. 다음 글을 읽고 밑줄 친 부분의 회계상 특성을 <보기>에서 모두 고른 것은?

> 15세기경 베네치아 상인들은 자산·부채·자본을 막론하고 모든 거래의 증가는 왼쪽(차변)에 그리고 모든 감소는 오른쪽(대변)에 기록하고 있었다.
>
> 어느 날 한 소년은 자산의 증가와 비용의 발생은 왼쪽에 기록하고, 부채와 자본의 증가 및 수익의 발생은 오른쪽에 기록하면 어떨까하는 사고의 전환을 해 보았다. 그는 거래를 계정에 기록한 다음에 왼쪽 합계액과 오른쪽 합계액이 일치됨을 발견하였고, 이로써 기록의 정확성 여부를 확인해 볼 수 있다는 놀라운 사실을 깨닫게 되었다.
>
> – 알기 쉬운 회계원리 –

보기

| ㄱ. 회계 단위 | ㄴ. 회계 연도 | ㄷ. 자기 검증 기능 | ㄹ. 대차 평균의 원리 |

① ㄱ, ㄴ   ② ㄱ, ㄷ   ③ ㄱ, ㄹ
④ ㄴ, ㄷ   ⑤ ㄷ, ㄹ

4. 다음은 장부 조직에 관한 글이다. 이를 기초로 오늘날의 장부 조직을 설명했을 때 귀하는 어느 설명이 옳다고 생각하는가?

> 루카 파치올리는 15세기 이탈리아 베니스 상인의 상업활동의 기록 방법을 그의 저서 Summa(총람)에서 다루었다. 이 방법의 기본 원리가 복식부기의 원리이며, 오늘날에도 그대로 이용되고 있다.
>
> 복식부기가 처음 등장할 무렵에는 일기장, 분개장, 원장이 주요 장부였다. 영업을 하는 사람이면 누구나 다양한 화폐로 이루어지는 거래를 일기장에 기록하였고, 부기 담당자들은 때때로 그 기입 사항을 복식부기 원리에 따라 분개장에 옮겨 적었다.
>
> 하지만 16세기경부터 통일적인 화폐 제도와 영수증 사용이 보편화됨에 따라 장부 조직에도 변화가 발생하였다.

① 일기장, 분개장, 원장은 오늘날에도 회계 정보 이용자들의 의사 결정에 필요한 재무제표이다.
② 오늘날은 원장에 기록된 내용을 분개장에 전기한다.
③ 오늘날 원장에 기록된 내용으로는 분개장의 분개 형태를 알 수 없다.
④ 분개장은 오늘날에도 거래를 발생 순서대로 기록하는 주요장부이다.
⑤ 회계가 전산화시스템이 되었을 때 분개장과 원장은 필요없다.

5. 그림은 계정에 관한 수업 장면이다. 선생님의 질문에 바르게 대답한 학생을 모두 고른 것은? 단, 제시된 계정의 잔액은 있다.

① 철수, 영희

② 철수, 지혜

③ 영희, 길동

④ 영희, 지혜

⑤ 길동, 지혜

6. 그림은 회계 순환 과정을 나타낸 것이다. 결산의 예비 절차에 속하는 (가)에 대한 설명으로 바른 것을 <보기>에서 고른 것은?

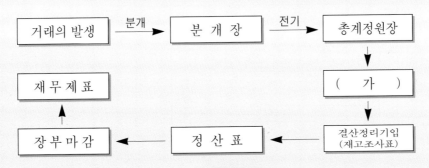

보 기

ㄱ. 종류에는 재무상태표, 포괄손익계산서 등이 있다.
ㄴ. 대차 평균의 원리에 따라 기록의 정확성 여부를 검증한다.
ㄷ. 거래를 최초로 기입하는 장부로 차변과 대변으로 구성되어 있다.
ㄹ. 총계정원장의 잔액 또는 합계액을 한 곳에 모아 놓은 집계표이다.

① ㄱ, ㄴ

② ㄱ, ㄷ

③ ㄴ, ㄷ

④ ㄴ, ㄹ

⑤ ㄷ, ㄹ

7. 그림은 회계의 순환 과정 중 결산 절차를 나타낸 것이다. (가)에 해당하는 것을 <보기>에서 모두 고른 것은?

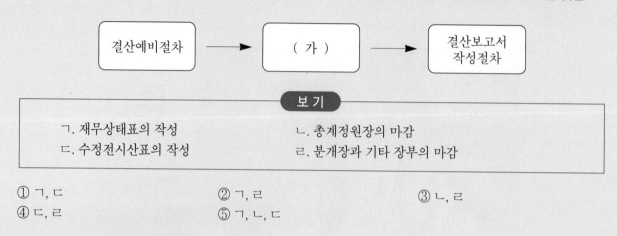

보기

ㄱ. 재무상태표의 작성   ㄴ. 총계정원장의 마감
ㄷ. 수정전시산표의 작성   ㄹ. 분개장과 기타 장부의 마감

① ㄱ, ㄷ   ② ㄱ, ㄹ   ③ ㄴ, ㄹ
④ ㄷ, ㄹ   ⑤ ㄱ, ㄴ, ㄷ

8. 다음은 개인기업인 ○○상사의 결산 대체 분개를 기입한 분개장의 일부이다. (가)~(다)에 대한 설명으로 옳은 것을 <보기>에서 고른 것은?

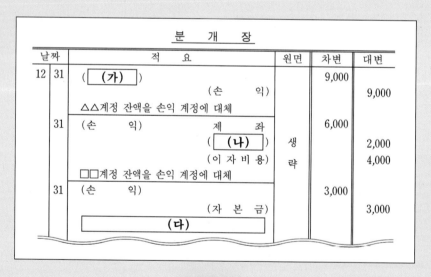

보기

ㄱ. (가)에는 종업원급여가 기입된다.
ㄴ. (나)에는 임대료가 기입된다.
ㄷ. (다)에는 당기순이익을 자본금 계정에 대체하는 내용이 기입된다.
ㄹ. (가)와 (나)의 계정과목은 포괄손익계산서 계정이다.

① ㄱ, ㄴ   ② ㄱ, ㄷ   ③ ㄱ, ㄹ
④ ㄴ, ㄷ   ⑤ ㄷ, ㄹ

부록 ······

01 분개 문제 150선

(1) 당사는 사업확장과 판매촉진에 관련되는 자문을 마케팅 전문가인 홍길동 씨에게 받고, 자문료 ₩ 2,000,000을 현금으로 지급하다. 단, 당사는 자문료를 수수료비용으로 회계처리하기로 하다.

　　(차) (　　　　　　　) (　　　　　　　)　　(대) (　　　　　　　) (　　　　　　　)

(2) 광화문상사에 상품을 판매하고 발급한 거래명세표이다. 대금 중 프린트기 대금은 현금으로 입금 받고, 모니터 대금은 외상으로 하였다

　　(차) (　　　　　　　) (　　　　　　　)　　(대) (　　　　　　　) (　　　　　　　)
　　　　 (　　　　　　　) (　　　　　　　)

권		호		거래명세표 (보관용)			
20 2× 년 7 월 12 일			공급자	등록번호	105-13-89012		
				상 호	마포상사	성명	김마포
광화문상사　　귀하				사업장소재지	서울시 마포구 월드컵로 23-52		
아래와 같이 계산합니다.				업 태	도·소매업	종목	컴퓨터부품
합계금액	**삼백오십만**			원정 (₩	**3,500,000**		)
월 일	품 목	규 격	수 량	단 가	공급가액		세 액
7/12	프린트기		10	200,000	2,000,000		
	모니터		15	100,000	1,500,000		
전잔금				합 계	3,500,000		
입 금	2,000,000	잔 금		1,500,000	인수자	**정요한** ㉑	
비 고							

(3) 거래처 서울상사 송중기과장의 결혼식에 축하화환을 백양화원에 의뢰하고, 화환대금 ₩150,000을 스마트폰 뱅킹으로 보통예금계좌에서 이체하여 지급하다.

　　(차) (　　　　　　　) (　　　　　　　)　　(대) (　　　　　　　) (　　　　　　　)

(4) 사내 체육대회 개최 시 직원들에게 제공할 모자를 구입하고 대금은 신한카드로 결제하였다.

　　(차) (　　　　　　　) (　　　　　　　)　　(대) (　　　　　　　) (　　　　　　　)

```
신한카드신용매출전표 (IC신용)

모자뱅크                          607-**-83201
정*인           051)552-****       1819048005
부산 ** 구   ** 동 476

거래일시 : 2X/08/14 20:38:43      /일련번호:5407
카드번호 : 4364-20**-****-0796       / 일시불
승인번호 : 22691827          가맹점번호 : 57183840
카드종류 : 신한카드/IC신용승인
전표번호 : 7226-1203-****

부가세물품가액 :             50,000 원
부 가 가 치 세 :              5,000 원
합 계 금 액 :             55,000 원
```

(5) 마포숯불갈비에서 영업부 종업원 회식을 하고 식사대금 ₩350,000을 현금으로 지급하고, 현금영수증을 받다.

　(차) (　　　　　) (　　　　　) 　(대) (　　　　　) (　　　　　)

(6) 상품 ₩2,000,000을 창고회사에 보관시키고, 보관료 ₩150,000을 현금으로 지급하다.

　(차) (　　　　　) (　　　　　) 　(대) (　　　　　) (　　　　　)

(7) 태풍으로 인한 피해지역에 수재민 돕기 성금으로 동아일보사에 현금 ₩3,000,000을 기탁하다.

　(차) (　　　　　) (　　　　　) 　(대) (　　　　　) (　　　　　)

(8) 사무실에서 사용하는 FAX기기 ₩300,000, FAX잉크 1개 ₩35,000을 구입하고, 현금으로 결제하다. 단, 소모품은 비용처리할 것.

　(차) (　　　　　) (　　　　　) 　(대) (　　　　　) (　　　　　)
　　　 (　　　　　) (　　　　　)

(9) 단기차입금 ₩800,000에 대한 이자 ₩5,000을 현금으로 지급하다.

　(차) (　　　　　) (　　　　　) 　(대) (　　　　　) (　　　　　)

(10) 다니엘상사에서 상품 ₩500,000을 매입하고, 대금은 수표를 발행하여 지급하다.

　(차) (　　　　　) (　　　　　) 　(대) (　　　　　) (　　　　　)

(11) 거래처의 체육행사에 협찬으로 제공하기 위해 스마트폰을 ₩700,000에 구매하고, 대금은 회사 BC카드(신용카드)로 결제하다.

　(차) (　　　　　) (　　　　　) 　(대) (　　　　　) (　　　　　)

(12) 영업부 사무실의 냉장고가 고장이 나서 이를 수리하고 수리비를 현금으로 지급하였다.

　(차) (　　　　　) (　　　　　) 　(대) (　　　　　) (　　　　　)

영 수 증 (공급받는자용)				
No.		대한상사　귀하		
공급자	사업자등록번호	105-12-34567		
	상　　　호	현대설비	성명	정현대
	사업장소재지	서울시 마포구 월드컵로 21-34		
	업　　　태	서비스업	종목	가전제품 수리
작성일자		공급대가총액		비고
202×. 05. 15		150,000		
공 급 내 역				
월일	품명	수량	단가	금액
05. 15	수리비			150,000
합 계			₩150,000	
위 금액을 영수(청구)함				

(13) 자동차세 ₩250,000과 재산세 ₩320,000을 현금으로 납부하다.

　(차) (　　　　　) (　　　　　) 　(대) (　　　　　) (　　　　　)

(14) 판매매장 직원용 유니폼을 ₩500,000에 파스칼패션에서 제작하고 대금은 체크카드(국민은행, 보통예금)로 결제하다.

　(차) (　　　　　) (　　　　　) 　(대) (　　　　　) (　　　　　)

(15) 요한상사에 대한 외상매입금 ₩120,000을 현금으로 지급하다.
　　(차) (　　　　　　) (　　　　　　) (대) (　　　　　　) (　　　　　　)

(16) 추석명절을 맞이하여 종업원들에게 지급할 선물(올리브유세트)를 하모니마트에서 구입하고, 대금 ₩1,000,000은 현금으로 지급하다.
　　(차) (　　　　　　) (　　　　　　) (대) (　　　　　　) (　　　　　　)

(17) 거래처에 제품 할인 판매 안내장을 서울 ○○우체국에서 등기 우편으로 발송하고, 발송요금 ₩4,000을 현금으로 지급하다. 그리고 모바일로 등기 영수증을 받다.
　　(차) (　　　　　　) (　　　　　　) (대) (　　　　　　) (　　　　　　)

(18) 김포상사의 외상매출금 ₩250,000을 현금으로 회수하다.
　　(차) (　　　　　　) (　　　　　　) (대) (　　　　　　) (　　　　　　)

(19) 가나전자에서 상품인 컴퓨터부품 ₩500,000을 외상으로 매입하고, 당사 부담의 운반비 ₩8,000을 한결택배에 현금으로 지급하다.
　　(차) (　　　　　　) (　　　　　　) (대) (　　　　　　) (　　　　　　)
　　　　　　　　　　　　　　　　　　　　 (　　　　　　) (　　　　　　)

(20) 상품매출을 알선하고, 중개수수료 ₩20,000을 현금으로 받다.
　　(차) (　　　　　　) (　　　　　　) (대) (　　　　　　) (　　　　　　)

(21) 우표 및 엽서 구입대금 ₩120,000을 현금으로 지급하다.
　　(차) (　　　　　　) (　　　　　　) (대) (　　　　　　) (　　　　　　)

(22) 울산상사에 상품 ₩280,000(원가 ₩200,000)을 매출하고, 대금은 현금으로 받은 즉시 당좌예입하다.
　　(차) (　　　　　　) (　　　　　　) (대) (　　　　　　) (　　　　　　)
　　　　　　　　　　　　　　　　　　　　 (　　　　　　) (　　　　　　)

(23) 상공회의소 회비 ₩50,000을 현금으로 지급하다.
　　(차) (　　　　　　) (　　　　　　) (대) (　　　　　　) (　　　　　　)

(24) 자기앞수표 ₩100,000권 1매를 지폐 ₩10,000권 10장으로 교환해 오다.
　　(차) (　　　　　　) (　　　　　　) (대) (　　　　　　) (　　　　　　)

(25) 기업주의 자녀 등록금 ₩1,500,000을 현금으로 지급하다.
　　(차) (　　　　　　) (　　　　　　) (대) (　　　　　　) (　　　　　　)

(26) 금고에 보관중이던 현금 ₩620,000을 도난 당하다.
　　(차) (　　　　　　) (　　　　　　) (대) (　　　　　　) (　　　　　　)

⑵⑺ 수표 ₩200,000을 발행하여 현금을 인출하다.
　　(차) (　　　　　　) (　　　　　　)　　(대) (　　　　　　) (　　　　　　)

⑵⑻ 기업주가 개인사용으로 현금 ₩500,000을 인출하다.
　　(차) (　　　　　　) (　　　　　　)　　(대) (　　　　　　) (　　　　　　)

⑵⑼ 당사의 장부기장을 의뢰하고 있는 파스칼회계법인에 장부기장수수료 ₩300,000을 인터넷뱅킹으로 보통예금계좌에서 이체하여 지급하다.
　　(차) (　　　　　　) (　　　　　　)　　(대) (　　　　　　) (　　　　　　)

⑶⑼ 영업용 컴퓨터 ₩2,500,000을 외상으로 구입하다.
　　(차) (　　　　　　) (　　　　　　)　　(대) (　　　　　　) (　　　　　　)

⑶⑴ 단기대여금 ₩300,000에 대한 이자 ₩5,000을 현금으로 받다.
　　(차) (　　　　　　) (　　　　　　)　　(대) (　　　　　　) (　　　　　　)

⑶⑵ 조선일보의 신문광고료 ₩5,000,000을 수표를 발행하여 지급하다.
　　(차) (　　　　　　) (　　　　　　)　　(대) (　　　　　　) (　　　　　　)

⑶⑶ 한강상사의 단기차입금 ₩500,000과 그에 대한 이자 ₩20,000을 당점 보통예금 계좌에서 한강상사 계좌로 이체하여 지급하다.
　　(차) (　　　　　　) (　　　　　　)　　(대) (　　　　　　) (　　　　　　)
　　　 (　　　　　　) (　　　　　　)

⑶⑷ 문방구 용품 ₩100,000을 구입하고, 현금으로 지급하다. (비용처리법)
　　(차) (　　　　　　) (　　　　　　)　　(대) (　　　　　　) (　　　　　　)

⑶⑸ 본사 영업부 직원들의 업무 역량 강화를 위해 외부 강사를 초청하여 교육을 진행하고, 강사료 ₩1,000,000을 현금으로 지급하다.
　　(차) (　　　　　　) (　　　　　　)　　(대) (　　　　　　) (　　　　　　)

⑶⑹ 남대문상사에 상품 ₩500,000(원가₩380,000)을 외상매출하고, 발송운임 ₩20,000을 현금으로 지급하다.
　　(차) (　　　　　　) (　　　　　　)　　(대) (　　　　　　) (　　　　　　)
　　　 (　　　　　　) (　　　　　　)　　　 (　　　　　　) (　　　　　　)
　　　 　　　　　　　　　　　　　　　　　 (　　　　　　) (　　　　　　)

⑶⑺ 거래처 고객에 대한 다과대금 ₩20,000을 현금으로 지급하다.
　　(차) (　　　　　　) (　　　　　　)　　(대) (　　　　　　) (　　　　　　)

⑶⑻ 석유 히터를 가동하고, 석유대금 ₩120,000을 현금으로 지급하다.
　　(차) (　　　　　　) (　　　　　　)　　(대) (　　　　　　) (　　　　　　)

⑶⑼ 컴퓨터의 품질검사를 위해 한국공업으로부터 기계장치(유형자산)를 ₩1,500,000에 구입하고, 대금 중 ₩1,000,000은 현금으로 지급하고, 잔액은 1개월 후에 지급하기로 하다.
　　(차) (　　　　　　) (　　　　　　)　　(대) (　　　　　　) (　　　　　　)
　　　 　　　　　　　　　　　　　　　　　 (　　　　　　) (　　　　　　)

⑷⑼ 창고에 보관중이던 폐품 ₩20,000을 처분하고, 현금으로 받다.
　　(차) (　　　　　　) (　　　　　　)　　(대) (　　　　　　) (　　　　　　)

(41) 청소 도구 ₩10,000을 구입하고 현금으로 지급하다. 단, 비용처리할 것.
　　(차) (　　　　　　　) (　　　　　　　) (대) (　　　　　　　) (　　　　　　　)

(42) 단기대여금 ₩250,000과 이자 ₩3,000을 함께 수표로 받다.
　　(차) (　　　　　　　) (　　　　　　　) (대) (　　　　　　　) (　　　　　　　)
　　　　　　　　　　　　　　　　　　　　　　　(　　　　　　　) (　　　　　　　)

(43) 외상매입금 ₩150,000을 수표를 발행하여 지급하다.
　　(차) (　　　　　　　) (　　　　　　　) (대) (　　　　　　　) (　　　　　　　)

(44) 본사는 직원의 업무관련 교육을 위해 (주)인재개발원에 학원수강료 ₩200,000을 현금으로 결제하고 현금영수증을 수령하다.
　　(차) (　　　　　　　) (　　　　　　　) (대) (　　　　　　　) (　　　　　　　)

(45) 상품 ₩200,000을 현금 매입하다.
　　(차) (　　　　　　　) (　　　　　　　) (대) (　　　　　　　) (　　　　　　　)

(46) 종업원 강호동 씨를 월급 ₩800,000을 지급하기로 하고 채용하다.
　　(차) (　　　　　　　) (　　　　　　　) (대) (　　　　　　　) (　　　　　　　)

(47) 신도리코에서 중고복사기 1대 ₩500,000에 구입하고, 대금은 현금으로 지급하다.
　　(차) (　　　　　　　) (　　　　　　　) (대) (　　　　　　　) (　　　　　　　)

(48) 설악상사에서 상품 ₩600,000을 매입하고, 대금 중 ₩400,000은 수표를 발행하여 지급하고, 잔액은 50일 만기의 약속어음을 발행하여 지급하다.
　　(차) (　　　　　　　) (　　　　　　　) (대) (　　　　　　　) (　　　　　　　)
　　　　　　　　　　　　　　　　　　　　　　　(　　　　　　　) (　　　　　　　)

(49) ABC산업에 6개월동안 ₩150,000을 연이율 10%로 대여하기로 약정하고, 현금으로 지급하다.
　　(차) (　　　　　　　) (　　　　　　　) (대) (　　　　　　　) (　　　　　　　)

(50) 대전상사에 상품 100개 @₩5,000(원가 @₩3,000)을 매출하고, 대금은 약속어음으로 받다.
　　(차) (　　　　　　　) (　　　　　　　) (대) (　　　　　　　) (　　　　　　　)
　　　　　　　　　　　　　　　　　　　　　　　(　　　　　　　) (　　　　　　　)

(51) 판매용 운동화를 ₩15,000,000에 판매하기로 하고, 계약대금의 30%를 당좌예금계좌로 받다.
　　(차) (　　　　　　　) (　　　　　　　) (대) (　　　　　　　) (　　　　　　　)

(52) 외상매입금 ₩200,000을 약속어음 발행하여 지급하다.
　　(차) (　　　　　　　) (　　　　　　　) (대) (　　　　　　　) (　　　　　　　)

(53) 상품배송용 화물차에 대한 자동차종합보험을 삼성화재에 가입하고 1년분 보험료 ₩240,000을 현금으로 지급하다. (단, 보험료 지급은 자산으로 처리할 것.)
　　(차) (　　　　　　　) (　　　　　　　) (대) (　　　　　　　) (　　　　　　　)

(54) 거래은행에 6개월 만기의 정기예금을 가입하고 현금 ₩800,000을 예입하다.
　　(차) (　　　　　　　) (　　　　　　　) (대) (　　　　　　　) (　　　　　　　)

(55) 원가 ₩200,000의 상품을 ₩150,000에 현금 매출하다.
　　(차) (　　　　　　　) (　　　　　　　) (대) (　　　　　　　) (　　　　　　　)
　　　　 (　　　　　　　) (　　　　　　　)

(56) 삼성전자 주식 ₩500,000을 구입하고, 대금은 수표를 발행하여 지급하다.
　　(차) (　　　　　　　) (　　　　　　　) (대) (　　　　　　　) (　　　　　　　)

(57) 전화요금 ₩80,000과 인터넷 사용료 ₩45,000을 현금으로 납부하다.
  (차) (   ) (   ) (대) (   ) (   )

(58) 설악상사에 상품 ₩1,000,000을 주문하고, 착수금 ₩200,000을 현금으로 지급하다.
  (차) (   ) (   ) (대) (   ) (   )

(59) 주차장 부지 조성을 위해 토지 100평 ₩5,000,000을 구입하고 현금으로 지급하다.
  (차) (   ) (   ) (대) (   ) (   )

(60) 사무실 월세 ₩150,000을 현금으로 받다.
  (차) (   ) (   ) (대) (   ) (   )

(61) 거래은행에 현금 ₩300,000을 보통예금하다.
  (차) (   ) (   ) (대) (   ) (   )

(62) 사용 중이던 비품 ₩200,000을 처분하고, 대금은 월말에 받기로 하다.
  (차) (   ) (   ) (대) (   ) (   )

(63) 광고용 전단을 인쇄하여 배포하고 인쇄대금 ₩40,000을 현금으로 지급하다.
  (차) (   ) (   ) (대) (   ) (   )

(64) 제주상사에서 상품 ₩500,000을 주문받다.
  (차) (   ) (   ) (대) (   ) (   )

(65) 택시요금 ₩15,000을 현금으로 지급하다.
  (차) (   ) (   ) (대) (   ) (   )

(66) 거래처 호남상사로부터 외상매출금 중 ₩3,000,000은 현금으로 회수하고, ₩5,000,000은 보통예금 통장으로 입금받다.
  (차) (   ) (   ) (대) (   ) (   )
       (   ) (   )

(67) 앞서 외상으로 구입하였던 비품 대금 ₩230,000을 현금으로 지급하다.
  (차) (   ) (   ) (대) (   ) (   )

(68) (주)한국상사로부터 받은 상품매입 견적서에 대해서, 계약금으로 견적 합계금액의 10%를 보통예금 통장에서 (주)한국상사의 통장으로 이체하였다.
  (차) (   ) (   ) (대) (   ) (   )

견적서 : (주)서울티브로	공급자	사업자번호	201-81-23456		
발송번호 : AA-05-24-002		상 호	(주)한국상사	대표자	김한국(인)
아래와 같이 견적서를 발송합니다.		소 재 지	서울시 중구 남대문로 112		
		업 태	도소매	종목	통신기기
		담 당 자	정호주	전화번호	02-2266-1234

202×년 5월 24일

품 명	규 격	수 량	단 가	금 액	비 고
스마트폰	갤럭시_10	10개	500,000원	5,000,000원	
합계금액				5,000,000원	

유효기간 : 견적 유효기간은 발행 후 7일
납   기 : 발주 후 20일
결제방법 : 현금결제 / 송금하시고 전화주시면 작업이 접수됩니다.
송금계좌 : 국민은행 (주)한국상사, 김한국 / 4917162-34567-1
기   타 : 운반비 별도

(69) 영업용 승용차의 엔진오일을 보충하고 카센터에 현금 ₩50,000을 지급하다.

(차) (　　　　　　) (　　　　　　) (대) (　　　　　　) (　　　　　　)

(70) 영업용 책상, 의자, 응접세트 ₩700,000을 구입하고, 운반비 ₩30,000과 함께 현금으로 지급하다.

(차) (　　　　　　) (　　　　　　) (대) (　　　　　　) (　　　　　　)

(71) 현금 ₩800,000을 출자하여 커피전문점을 개업하다.

(차) (　　　　　　) (　　　　　　) (대) (　　　　　　) (　　　　　　)

(72) 거래처로부터 개업축하금으로 받은 현금 ₩100,000을 잡이익으로 처리하다.

(차) (　　　　　　) (　　　　　　) (대) (　　　　　　) (　　　　　　)

(73) 상품 ₩520,000(원가 ₩380,000)을 현금으로 매출하고, 대금 중 ₩200,000은 즉시 거래은행에 당좌예입하다.

(차) (　　　　　　) (　　　　　　) (대) (　　　　　　) (　　　　　　)
　　 (　　　　　　) (　　　　　　) 　　 (　　　　　　) (　　　　　　)

(74) 이달분 상·하수도요금 ₩145,780을 공과금 자동납부기기(보통예금)를 통하여 납부하다.

(차) (　　　　　　) (　　　　　　) (대) (　　　　　　) (　　　　　　)

(75) 관리부 담당직원의 모친상에 부의금 ₩100,000을 현금으로 지급하다.

(차) (　　　　　　) (　　　　　　) (대) (　　　　　　) (　　　　　　)

(76) 거래처 대한기업에 다음과 같이 상품을 매출하다. 단, 원가율은 판매금액에 80%이다.

품 목	수량(Box)	단가(원)	금액(원)	결 제
복사용지	70	20,000	1,400,000	현금 1,000,000원
볼 펜	100	16,000	1,600,000	외상 2,000,000원
계			3,000,000	

(차) (　　　　　　) (　　　　　　) (대) (　　　　　　) (　　　　　　)
　　 (　　　　　　) (　　　　　　) 　　 (　　　　　　) (　　　　　　)

(77) 매장건물에 대한 화재보험료 1년분 ₩500,000을 현금으로 지급하다.(비용처리 할 것)

(차) (　　　　　　) (　　　　　　) (대) (　　　　　　) (　　　　　　)

(78) 거래은행인 국민은행에서 ₩500,000을 신용대출받아 보통예금에 입금하다.(상환기간 10개월, 이율 연5%)

(차) (　　　　　　) (　　　　　　) (대) (　　　　　　) (　　　　　　)

(79) 기업주가 가사용으로 판매용 상품 원가 ₩50,000을 가져가다. (자본금계정으로 처리할 것)

　　(차) (　　　　　　　) (　　　　　　　) 　(대) (　　　　　　　) (　　　　　　　)

(80) 강촌상사에 현금 ₩1,000,000을 대여하다. 기한 3년, 이율 연 10%

　　(차) (　　　　　　　) (　　　　　　　) 　(대) (　　　　　　　) (　　　　　　　)

(81) 폐기 예정 비품 장부금액 ₩230,000을 매각하고, 대금은 월말에 받기로 하다.

　　(차) (　　　　　　　) (　　　　　　　) 　(대) (　　　　　　　) (　　　　　　　)

(82) 현금 ₩2,000,000(차입금 ₩500,000 포함), 건물 ₩3,000,000을 출자하여 영업을 개시하다.

　　(차) (　　　　　　　) (　　　　　　　) 　(대) (　　　　　　　) (　　　　　　　)
　　　　 (　　　　　　　) (　　　　　　　) 　　　 (　　　　　　　) (　　　　　　　)

(83) 부산상사의 외상매입금 ₩800,000 중 ₩300,000을 현금으로 지급하다.

　　(차) (　　　　　　　) (　　　　　　　) 　(대) (　　　　　　　) (　　　　　　　)

(84) 종업원의 월급 ₩200,000을 현금으로 지급하다.

　　(차) (　　　　　　　) (　　　　　　　) 　(대) (　　　　　　　) (　　　　　　　)

(85) 사무실에서 사용할 복사용지를 ○○문구센터에서 구입하여 현금으로 지급하고, 영수증을 받다. 단, 비용처리 할 것.

　　(차) (　　　　　　　) (　　　　　　　) 　(대) (　　　　　　　) (　　　　　　　)

```
              영 수 증
         ===================

   ○○ 문구센터              신○○
   201-01-260**        Tel :2264-****
   서울시 중구 **로4가 150 ** 빌딩1층
   담당:관리자 202X0110-01001
   ===================================
    품명 및 규격  수량  단 가   금  액
   ===================================

    복사용지      1   29,000   29,000

   ===================================
    합  계                     29,000
   ===================================
```

(86) 미수금 ₩50,000을 현금으로 회수하다.

　　(차) (　　　　　　　) (　　　　　　　) 　(대) (　　　　　　　) (　　　　　　　)

(87) 영업부 직원이 거래처 직원을 접대하고 대금 ₩85,000을 국민기업카드로 결제하였다.

　　(차) (　　　　　　　) (　　　　　　　) 　(대) (　　　　　　　) (　　　　　　　)

```
         매출전표 (고객용)
        --------------------

    국민카드                  IC신용승인
    거래일시        202X-09-16 10:08:14
    카드번호      4364-20**-****-0796(C)
    유효기간(년/월) : **/**         일시불
    가맹점번호               41963463
    승인번호              41995338
    매입사 : 국민(전자서명전표)

    판매금액                 77,273원
    부가가치세                7,727원
    봉사료                      0원
    합 계                   85,000원

    가맹점명                    청주식당
    사업자번호            105-**-*7484
    대표자명 : 이○○       TEL : 02 ***1788
    주소:서울 **구 **동 372-30
```

(88) 서울상사의 주식 100주 1주당 액면금액 ₩5,000을 구입하고, 대금은 현금으로 지급하다.
    (차) (   ) (   )   (대) (   ) (   )

(89) 씨티은행과 당좌거래 계약을 맺고 현금 ₩2,000,000을 예입하다.
    (차) (   ) (   )   (대) (   ) (   )

(90) 영업용 건물 1동 ₩3,000,000을 구입하고, 대금은 현금으로 지급하다.
    (차) (   ) (   )   (대) (   ) (   )

(91) 상품 ₩100,000을 외상으로 매입하다.
    (차) (   ) (   )   (대) (   ) (   )

(92) 야근한 당사 직원의 야식비 ₩50,000 현금 지급한 것을 거래처 직원과의 식사대금으로 잘못 처리한 것을 뒤늦게 판명하다.
    (차) (   ) (   )   (대) (   ) (   )

(93) 수표 ₩750,000을 발행하여 A상점에 대여하다.
    (차) (   ) (   )   (대) (   ) (   )

(94) 업무와 관련된 도서구입대금 ₩50,000을 현금으로 지급하다.
    (차) (   ) (   )   (대) (   ) (   )

(95) 외상매출금 ₩300,000을 거래처발행 수표로 받다.
    (차) (   ) (   )   (대) (   ) (   )

(96) 영업용 건물을 임차하고, 6개월분 월세 ₩420,000을 현금으로 지급하다.
    (차) (   ) (   )   (대) (   ) (   )

(97) 종업원 급여를 지급하기 위하여 수표 ₩300,000을 발행하여 현금을 인출하다.
    (차) (   ) (   )   (대) (   ) (   )

(98) 청주상사로 부터 상품주문 착수금 ₩50,000을 현금으로 받다.
    (차) (   ) (   )   (대) (   ) (   )

(99) 거래은행에서 현금 ₩5,000,000을 대출받기로 하고 건물 ₩8,000,000을 담보로 제공하다.
    (차) (   ) (   )   (대) (   ) (   )

(100) 설날을 맞이해 직원선물용 과일바구니 ₩500,000과 거래처선물용 홍삼세트 ₩200,000을 비자카드로 결제하다.(부채계정은 미지급금으로 할 것)
    (차) (   ) (   )   (대) (   ) (   )
        (   ) (   )

(101) 본사 종업원의 일직비(당직비) ₩50,000을 현금으로 지급하다.
    (차) (   ) (   )   (대) (   ) (   )

(102) 종업원의 연말선물 구입대금 ₩300,000을 현금으로 지급하다.
    (차) (   ) (   )   (대) (   ) (   )

(103) 현금 ₩1,000,000(차입금 ₩200,000 포함)으로 영업을 개시하다.
    (차) (   ) (   )   (대) (   ) (   )
                                                          (   ) (   )

(104) 웰빙면옥에서 영업부 종업원 회식을 하고, 식사대금을 현금으로 지급하고, 아래의 영수증을 받았다.
　　(차) (　　　　　　　　) (　　　　　　　　) (대) (　　　　　　　　) (　　　　　　　　)

```
          영 수 증

상호:★★면옥  대표자:★★★
사업자번호:607-15-★★★
사업장주소:부산 동래구 ★★★ 443-7
전화번호:051-556-★★★

202★년10월21일  17:33
=============================
메 뉴 명        단가  수량    금액

  물         6,000    1    6,000
  비빔       6,000    2   12,000
  비빔(사리)  3,000    1    3,000
  비빔(포장)  6,000    2   12,000
  홍어회     15,000    1   15,000
판 매 금 액             48,000
         과세금액        43,637
         부가세금액       4,363
-----------------------------
받 을 금 액             48,000
```

(105) 당사 경리부 여직원의 결혼으로 축의금 ₩100,000을 현금으로 지급하고 증빙으로 청첩장을 첨부하다.
　　(차) (　　　　　　　　) (　　　　　　　　) (대) (　　　　　　　　) (　　　　　　　　)

(106) 중소기업박람회 전시장을 1개월간 임차하고, 현금 ₩200,000을 지급하다.
　　(차) (　　　　　　　　) (　　　　　　　　) (대) (　　　　　　　　) (　　　　　　　　)

(107) 거래처에 전달할 선물용 갈비세트를 현대백화점에서 구입하고, 대금 ₩250,000은 현금으로 지급하였다.
　　(차) (　　　　　　　　) (　　　　　　　　) (대) (　　　　　　　　) (　　　　　　　　)

(108) 거래처 구매 담당자의 결혼축하금 ₩50,000을 현금으로 지급하다.
　　(차) (　　　　　　　　) (　　　　　　　　) (대) (　　　　　　　　) (　　　　　　　　)

(109) 거래처 한국상사 대표의 부친상가에 조화를 보내고, 대금 ₩100,000을 현금으로 지급하였다.
　　(차) (　　　　　　　　) (　　　　　　　　) (대) (　　　　　　　　) (　　　　　　　　)

(110) 신입사원 채용을 위하여 생활정보지 벼룩시장에 채용광고를 게재하고, 대금 ₩80,000은 현금으로 지급하다.
　　(차) (　　　　　　　　) (　　　　　　　　) (대) (　　　　　　　　) (　　　　　　　　)

(111) 신제품의 거리홍보 시 지급할 판촉물을 납품받고, 대금 ₩150,000을 현금으로 지급하다.
　　(차) (　　　　　　　　) (　　　　　　　　) (대) (　　　　　　　　) (　　　　　　　　)

(112) 배달용 화물차의 유류대금을 현금으로 지급하고, 아래의 영수증을 받았다.
　　(차) (　　　　　　　　) (　　　　　　　　) (대) (　　　　　　　　) (　　　　　　　　)

```
 S-OIL
 에쓰·오일
                      [고객용]
=============================
회원번호    CATID:1042372009  처리번호:0254
4364-20★★-★★★★-0796
유효기간       거래일시
★★년 ★★월   2X/08/20 17:57:17

정유사명: S-Oil
유종:경유     단가:1228원 리터:24.43L

판매금액:              27,273 원
부 가 세:               2,727 원
합   계:              30,000 원

(주)○○ 주유소
대표자명: 서★★
사업자 등록번호: 133-★★-42798  J1KOB2/I/ETHERNET
경기 고양시 일산구 ★★동 256-25
```

(113) 영업용 승용차의 고속도로 통행료 ₩5,000을 현금으로 지급하다.
    (차) (   ) (   )   (대) (   ) (   )

(114) 업무용 승용차의 주차요금을 현금으로 지급하고, 아래의 영수증을 수취하다.
    (차) (   ) (   )   (대) (   ) (   )

```
              영 수 증
            =============
주 차 장 명 : (학)가톨릭대학교서울성모병원
사 입 사 녕 : (학)가톨릭대학교서울성모병원
사 업 자 번 호 : 114-82-*****
대   표   자 : ○○○
주       소 : 서울 서초구 반포대로 222
전 화 번 호 : 02-1588-****
             :
주 차 권 번 호 : 0111121809191203304
차 량 번 호 : 33소 ****
입 차 일 시 : 202×-09-19  12:03:04
정 산 일 시 : 202×-09-19  12:42:14
주 차 시 간 :              2시간 40분
정 상 요 금 :               10,000원
할 인 요 금 :                    0원
사전정산요금 :                    0원
영 수 금 액 :               10,000원

이용해 주셔서 감사합니다.
```

(115) 아프리카 난민돕기를 위해 국제구호단체에 현금 ₩500,000을 기부하였다.
    (차) (   ) (   )   (대) (   ) (   )

(116) 매장에서 사용할 형광등 ₩3,000, 장갑 등 ₩6,000을 현금으로 구입하였다. 단, 소모품은 비용계정으로 처리할 것.
    (차) (   ) (   )   (대) (   ) (   )

(117) 사무실의 유선방송 시청료 ₩10,000을 현금으로 지급하다.
    (차) (   ) (   )   (대) (   ) (   )

(118) 연말연시를 맞아 사회복지시설 천사의 집에 현금 ₩200,000을 전달하다.
    (차) (   ) (   )   (대) (   ) (   )

(119) 종업원의 야유회 비용 ₩300,000을 현금으로 지급하다.
    (차) (   ) (   )   (대) (   ) (   )

(120) 삼성전자에서 사무실용 에어컨 ₩1,000,000을 구입하고, 대금 중 ₩300,000은 수표를 발행하여 지급하고, 잔액은 외상으로 하다.
    (차) (   ) (   )   (대) (   ) (   )
                                                            (   ) (   )

(121) 사무실 전기요금 ₩57,560이 보통예금계좌에서 자동이체 납부되었음을 통장정리를 하여 확인하였다.
    (차) (   ) (   )   (대) (   ) (   )

(122) 종업원의 유니폼 ₩250,000을 구입하고, 현금으로 지급하다.
    (차) (   ) (   )   (대) (   ) (   )

(123) 거래처의 사업확장 축하 화분 ₩50,000을 현금으로 구입하여 전달하였다.
    (차) (   ) (   )   (대) (   ) (   )

⑴₂₄ 대한은행에서 1개월 후 ₩10,000,000(연이율 6%, 상환기일 2년 후)을 차용하기로 약속하였다.

(차) (   ) (   )   (대) (   ) (   )

⑴₂₅ 기아자동차에서 영업용 차량 1대를 ₩8,000,000에 구입하고, 대금 중 ₩2,000,000은 현금으로 지급하고, 잔액은 6개월 무이자 할부로 하다.

(차) (   ) (   )   (대) (   ) (   )
                                            (   ) (   )

⑴₂₆ 회계기말에 손익계정 차변합계가 ₩250,000, 대변합계가 ₩350,000이었다. 차액을 자본금계정에 대체하는 경우의 분개는?

(차) (   ) (   )   (대) (   ) (   )

⑴₂₇ 매장에서 발생한 재활용 빈박스를 처분하고, 대금 ₩10,000은 현금으로 받다.

(차) (   ) (   )   (대) (   ) (   )

⑴₂₈ 종업원의 업무 시 사용하기 위하여 교통카드 ₩30,000을 현금으로 충전하였다.

(차) (   ) (   )   (대) (   ) (   )

```
교통카드 충전영수증(Receipt)

자판기번호  :              0332135
발행사명    :          한국스마트카드
사업자번호  :        104- **-83559
주소        :        서울 **구 ** 로
                       **가 581번지
-------------------------------------
카드번호    :     1010000799085980
결재방식    :                 현금
충전일시    :   202*/09/30 14:46:25
SAM ID      :     0720090030002041
-------------------------------------
충전전잔액  :                  0원
충전금액    :             30,000원
충전후잔액  :             30,000원
투입금액    :             30,000원
거스름돈    :                  0원
-------------------------------------
역 사 명    :                 양재
사업자명    :            METRO 사장
사업자번호  :        114-**-01319
주소        :       서울특별시  **구
                        **로 432
```

⑴₂₉ 영업사원의 명함 인쇄대금 ₩15,000을 대창인쇄소에 현금으로 지급하다.

(차) (   ) (   )   (대) (   ) (   )

⑴₃₀ 매장의 도난방지 장치의 관리유지비 ₩120,000을 SECOM에 현금으로 지급하다.

(차) (   ) (   )   (대) (   ) (   )

⑴₃₁ 한국상사에 대한 외상매입금 중 ₩80,000과 이체수수료 ₩1,000을 결제하기 위해 보통예금계좌에서 이체하다.

(차) (   ) (   )   (대) (   ) (   )
     (   ) (   )

⑴₃₂ 상공상사에 상품 ₩5,000,000을 판매하고 판매대금 중 ₩3,000,000은 상공상사에 대한 외상매입금과 상계하고 나머지는 현금으로 받다.

(차) (   ) (   )   (대) (   ) (   )
     (   ) (   )

(133) 당사가 하나은행으로부터 ₩7,000,000을 5개월간 차입하고 선이자 ₩200,000을 차감한 잔액이 당사 보통예금에 계좌이체되다. 단, 선이자는 바로 비용처리한다.

　　(차) (　　　　　) (　　　　　)　　(대) (　　　　　) (　　　　　)
　　　　(　　　　　) (　　　　　)

(134) 당사는 20×1년 초에 사업확장을 위해 신영종합금융에서 ₩10,000,000을 차입하여 즉시 보통예금에 이체하다. (상환예정일 : 20×4년 12월 31일 이자지급일 매월 30일 이율 연 6%)

　　(차) (　　　　　) (　　　　　)　　(대) (　　　　　) (　　　　　)

(135) 집찍스턴 폭설로 피해를 입은 농민을 돕기 위해 현금 ₩3,000,000을 한국방송공사에 지급하다.

　　(차) (　　　　　) (　　　　　)　　(대) (　　　　　) (　　　　　)

(136) 국민카드사의 청구에 의해 당사의 국민카드 사용금액인 미지급금 ₩520,000이 당사의 보통예금에서 인출되어 지급됨을 인터넷뱅킹을 통해 확인하다.

　　(차) (　　　　　) (　　　　　)　　(대) (　　　　　) (　　　　　)

(137) 거래처 알파문구에 10개월 후에 회수하기로 약정한 차입금증서를 받고 현금 ₩1,000,000을 대여하여 주다.

　　(차) (　　　　　) (　　　　　)　　(대) (　　　　　) (　　　　　)

(138) 서울상사로부터 전년도 외상매출금 미수액 중 ₩3,000,000을 보통예금 통장으로 입금받다.

　　(차) (　　　　　) (　　　　　)　　(대) (　　　　　) (　　　　　)

(139) 매출처 부산가구의 외상매출금 ₩3,000,000을 7개월 후 상환조건의 대여금으로 전환하다.

　　(차) (　　　　　) (　　　　　)　　(대) (　　　　　) (　　　　　)

(140) 당사는 9월 16일부터 창고를 임차하였으며, 월 임차료(1일~말일까지)는 ₩3,000,000이나 9월분 임차료 해당액(월 임차료의 50%)을 9월 30일에 현금으로 지급하다.

　　(차) (　　　　　) (　　　　　)　　(대) (　　　　　) (　　　　　)

(141) 성수기를 맞이하여 상품포장을 위해 일용직 근로자 5명을 일당 ₩50,000에 고용하여 ₩250,000을 현금으로 지급하다.

　　(차) (　　　　　) (　　　　　)　　(대) (　　　　　) (　　　　　)

(142) 연말을 맞이하여 사랑의 연탄은행에 ₩2,000,000을 현금으로 기부하다.

　　(차) (　　　　　) (　　　　　)　　(대) (　　　　　) (　　　　　)

(143) 당점이 소유하고 있던 영업용 트럭을 제일카센터에서 수리하고 수리대금 ₩150,000을 현금으로 지급하다. (차량유지비계정을 사용하여 회계처리할 것)

　　(차) (　　　　　) (　　　　　)　　(대) (　　　　　) (　　　　　)

(144) 대표자 자택에서 사용할 가구를 상록가구에서 ₩600,000에 현금으로 구입하고 인출금계정으로 회계처리하다.

　　(차) (　　　　　) (　　　　　)　　(대) (　　　　　) (　　　　　)

(145) 당사 영업사원의 부친 회갑연 축하화환 ₩100,000, 거래처 직원 부친상 조문화환 ₩100,000을 팔도꽃배달에 주문하고 화환대금인 ₩200,000을 보통예금 통장에서 이체하다.

　　(차) (　　　　　) (　　　　　)　　(대) (　　　　　) (　　　　　)
　　　　(　　　　　) (　　　　　)

(146) 추석 선물로 홍삼세트 ₩1,000,000을 신용카드(비씨카드)로 결제하고 구입하여, ₩600,000은 본사 경리부 직원에게 지급하고, 나머지 ₩400,000은 접대를 위하여 거래처(매출처) 직원에게 전달하다.

(차) (　　　　　　　) (　　　　　　　)　(대) (　　　　　　　) (　　　　　　　)
　　 (　　　　　　　) (　　　　　　　)

(147) 서울상사에 상품을 외상으로 매출하면서 발생한 운반비 ₩30,000의 현금 지출이 누락되었음을 확인하다. 단, 외상매출 거래는 분개하였다.

(차) (　　　　　　　) (　　　　　　　)　(대) (　　　　　　　) (　　　　　　　)

(148) 한국일보에 사원 모집을 위한 광고를 의뢰하고 광고비용 ₩500,000을 현금으로 지급하였다.

(차) (　　　　　　　) (　　　　　　　)　(대) (　　　　　　　) (　　　　　　　)

(149) 거래처 방문을 위한 택시요금을 현금으로 지급하고 영수증을 받다.

(차) (　　　　　　　) (　　　　　　　)　(대) (　　　　　　　) (　　　　　　　)

영수증(RECEIPT)

결제기번호 : 180766653 (0000)-(4409/4104)
상호 : 개인택시
사업자번호 : 109**49568
차량번호 : 서울**사4896
전화번호 : 010****2531
거래일시 : 202* 08-21 13:25
승하차시간 12:55 - 13:25 / 24.18Km

결제요금 : 12,500원

- 교통카드 : 0원
- 현금결제 : 12,500원

----- 이용해 주셔서 감사합니다. -----

(150) 남대문의류상사는 의류판매를 위한 광고전단지를 한국기획에서 제작하고, 전단지제작비 ₩600,000을 1개월 후에 지급하기로 하다.

(차) (　　　　　　　) (　　　　　　　)　(대) (　　　　　　　) (　　　　　　　)

【 NCS 연결고리 】

능력 단위	전표 관리 (0203020101_14v2)	능력 단위 요소 (수준)	증빙 서류 관리하기(0203020101_14v2.3)(3수준)
영역과의 관계	회계상 거래를 인식하고, 분개를 통한 전표 작성 및 이에 따른 증빙 서류를 처리하고 관리하는데 도움이 될 것이다.		

능력 단위 요소	자가 진단 내용	문항 평가				
		매우 미흡	미흡	보통	우수	매우 우수
증빙 서류 관리하기 (0203020101_14v2.3) (3수준)	1. 나는 발생한 거래에 따라 필요한 관련 서류 등을 확인하여 증빙 여부를 검토할 수 있다.	①	②	③	④	⑤
	2. 나는 발생한 거래에 따라 필요한 관련 규정을 준수하여 증빙 서류를 구분·대조할 수 있다.	①	②	③	④	⑤
	3. 나는 증빙 서류 관련 규정에 따라 제 증빙 자료를 관리할 수 있다.	①	②	③	④	⑤

02 전표회계

01 전표(Slip)회계

전표란 거래를 최초로 기록하고 또 관련 부서에 전달할 수 있도록 일정한 양식을 갖춘 용지를 말한다. 따라서 전표는 분개장을 대신 사용하여 원장에 전기하는 것으로, 장부 조직을 간소화하는 장점이 있다.

[NCS 연결고리]

능력 단위	전표 관리 (0203020101_14v2)	능력 단위 요소 (수준)	전표 작성하기(0203020101_14v2.2)(3수준)
영역과의 관계	회계상 거래를 인식하고, 분개를 통한 전표를 작성하고 관리하는데 도움이 될 것이다.		

02 전표의 종류

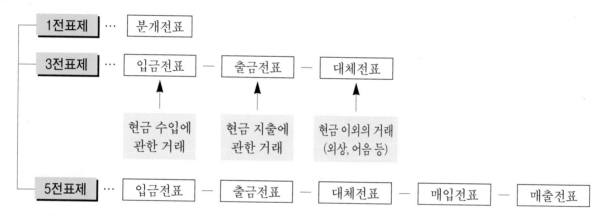

03 전표의 작성 예제

(1) 건물에 대한 임대료 ₩350,000을 현금으로 받다. ⇒ (차) 현 금 350,000 (대) 임대료 350,000

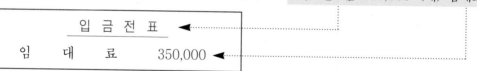

입 금 전 표	
임 대 료	350,000

(2) 당월분 전화요금 ₩80,000을 현금으로 지급하다. ⇒ (차) 통신비 80,000 (대) 현 금 80,000

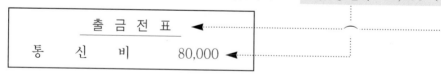

출 금 전 표	
통 신 비	80,000

(3) 상품 ₩200,000을 매입하고, 대금은 외상으로 하다.

대 체 전 표			
상 품	200,000	외 상 매 입 금	200,000

01 경기상사의 5월 1일 거래를 약식 전표(입금, 출금, 대체 전표)에 작성하시오.

(1) 하나은행으로부터 6개월 상환조건으로 현금 ₩500,000을 차입하다.

(2) 매출처 인천상사의 외상매출금 중 ₩800,000을 현금으로 회수하다.

(3) 사무실 임대료 ₩100,000을 현금으로 받다.

(4) 건물에 대한 화재보험료 ₩120,000을 현금으로 지급하다.

(5) 매입처 한국상사의 외상매입금 중 ₩200,000을 현금으로 지급하다.

(6) 당월분 전기요금 ₩50,000을 현금으로 지급하다.

(7) 영업용 비품 ₩200,000을 구입하고 대금은 월말에 지급하기로 하다.

(8) 거래처로부터 ₩상품 300,000을 외상으로 매입하다.

(9) 외상매입금 ₩150,000을 수표를 발행하여 지급하다.

(10) 단기대여금에 대한 이자 ₩60,000을 현금으로 받은 즉시 당좌예금하다.

(11) 상품 ₩300,000을 매입하고 대금 중 ₩100,000은 현금으로 지급하고 잔액은 외상으로하다.

입 금 전 표

입 금 전 표

입 금 전 표

출 금 전 표

출 금 전 표

출 금 전 표

대 체 전 표	

대 체 전 표	

대 체 전 표	

대 체 전 표	

대 체 전 표	

출 금 전 표

한국상사의 8월 1일 거래를 약식 전표(입금, 출금, 대체 전표)에 작성하시오.

(1) 사무용 복사기 ₩500,000을 구입하고 대금은 1개월후에 지급하기로 하다.

(2) 당월분 전화요금 ₩30,000을 현금으로 지급하다.

(3) 이자 ₩40,000을 현금으로 받다.

(4) 외상매출금 ₩250,000을 현금으로 받다.

(5) 상품 ₩200,000을 외상으로 매입하다.

(6) 외상매입금 ₩500,000 중 ₩300,000은 현금으로 지급하고 잔액은 수표를 발행하여 지급하다.

(7) 상품 ₩260,000을 매출하고 대금 중 ₩100,000은 현금으로 받고 잔액은 외상으로하다.

(8) 외상매출금 ₩100,000을 현금으로 받은 즉시 거래은행에 당좌예금하다.

능력 단위 요소	자가 진단 내용	문항 평가				
		매우 미흡	미흡	보통	우수	매우 우수
전표 작성하기 (0203020101_14v2.2) (3수준)	1. 나는 회계상 거래를 현금 거래 유무에 따라 사용되는 입금 전표, 출금 전표, 대체 전표로 구분할 수 있다.	①	②	③	④	⑤
	2. 나는 현금의 수입 거래를 파악하여 입금 전표를 작성할 수 있다.	①	②	③	④	⑤
	3. 나는 현금의 지출 거래를 파악하여 출금 전표를 작성할 수 있다.	①	②	③	④	⑤
	4. 나는 현금의 수입과 지출이 없는 거래를 파악하여 대체 전표를 작성할 수 있다.	①	②	③	④	⑤

03 대한상공회의소 대비

※ 전산회계운용사는 2018년부터 과정평가형 국가기술자격제도에 선정되었다.

1. 회계의 목적에 대한 설명으로 옳지 않은 것은?

① 기업의 재무상태 파악과 경영성과 측정을 위한 것이다.
② 투자자와 채권자에게 투자수익성과 위험도 평가에 대한 정보를 제공하는 것이다.
③ 기업의 경영자가 경영계획 수립에 참고자료로 제공한다.
④ 회사의 인적 역량 강화를 위한 것이다.

2. 다음 중 회계 기간에 대한 설명으로 옳은 것은?

① 회계 기간의 시작 시점을 당기라 한다.
② 모든 기업의 회계 기간은 1년으로 하여야 한다.
③ 기업의 재산 및 자본의 증감 변화를 기록·계산·정리하기 위한 장소적 범위이다.
④ 기업의 재무상태와 재무성과를 알리기 위해 인위적으로 구분한 기간이다.

3. 다음 자료를 이용하여 자본을 계산하면 얼마인가?

가. 매출채권	₩100	나. 미지급금	₩40
다. 건　물	2,000	라. 차 입 금	100
마. 현　금	100	바. 매입채무	60

① ₩1,600
② ₩1,800
③ ₩2,000
④ ₩2,200

4. 다음 중 교환거래가 아닌 것은?

① 외상매출금 ₩60,000을 현금으로 받다.
② 현금 ₩50,000을 차입하다.
③ 임차료 ₩70,000을 현금으로 지급하다.
④ 현금 ₩100,000을 출자하여 영업을 시작하다.

5. 다음은 회계의 순환 과정이다. A~C의 내용을 바르게 짝지은 것은?

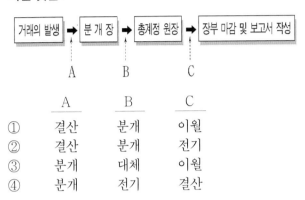

	A	B	C
①	결산	분개	이월
②	결산	분개	전기
③	분개	대체	이월
④	분개	전기	결산

6. 다음 자료에 의하여 (가), (나)에 들어갈 차변 계정과목으로 옳은 것은?

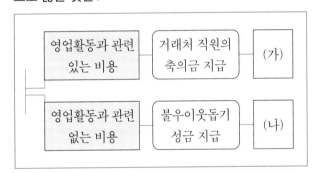

① (가) 접대비　　　(나) 기부금
② (가) 접대비　　　(나) 세금과공과
③ (가) 복리후생비　(나) 광고선전비
④ (가) 복리후생비　(나) 기부금

7. 현금 ₩300,000을 출자하여 영업을 시작한 서울상사의 기말 재무상태는 다음과 같다. 당기에 발생한 순손익은?

현　　금	₩120,000	상　　품	₩110,000
매 출 채 권	180,000	비　　품	30,000
매 입 채 무	130,000		

① 당기순이익 ₩ 10,000
② 당기순손실 ₩ 10,000
③ 당기순이익 ₩100,000
④ 당기순이익 ₩110,000

08. 다음 중 재무상태표와 관련된 설명으로 잘못된 것은?

① 기업의 일정 기간 동안 재무성과를 알려주는 보고서이다.
② "자산 − 부채 = 자본"을 자본등식이라 한다.
③ 자산 · 부채 · 자본에 대한 정보를 제공하고 있다.
④ 자산의 합계액과 부채 및 자본의 합계액은 항상 일치한다.

09. 본사 직원들의 사기 진작을 위하여 체육대회를 개최하고 상품비 등 ₩500,000을 현금으로 지출한 경우의 회계 처리 시 차변 계정과목으로 옳은 것은?

① 기부금
② 접대비
③ 복리후생비
④ 광고선전비

10. 대한상사의 1회계 기간의 재무상태와 영업성과는 다음과 같다. 대한상사의 기초자본은?

| 기말자산 ₩300,000 | 수익총액 ₩280,000 |
| 기말부채 50,000 | 비용총액 230,000 |

① ₩250,000
② ₩200,000
③ ₩300,000
④ ₩270,000

11. 다음의 결산 절차를 순서대로 바르게 나열한 것은?

> 가. 결산 정리 분개
> 나. 재무상태표 계정 마감
> 다. 잔액시산표 작성
> 라. 손익계산서 계정 마감
> 마. 결산보고서 작성
> 바. 손익 계정의 설정

① 다 − 라 − 바 − 마 − 가 − 나
② 다 − 가 − 바 − 라 − 나 − 마
③ 가 − 다 − 바 − 라 − 나 − 마
④ 가 − 다 − 바 − 나 − 라 − 마

12. 다음 중 회계상의 거래에 관한 설명 중 틀린 것은?

① 기업의 자산 · 부채 및 자본의 증감 변화를 일으키는 사건을 거래라 한다.
② 건물의 임대차 계약이나 고용 계약, 상품의 주문 등은 거래가 아니다.
③ 화재로 인한 손실, 상품의 도난 등은 거래가 아니다.
④ 수익 · 비용의 발생도 자본의 증감을 가져오므로 거래이다.

13. 다음 분개를 보고 거래의 내용을 추정한 것으로 옳은 것은?

> (차) 상 품 ₩100,000 (대) 당좌예금 ₩100,000

① 상품 ₩100,000을 매입하고, 대금은 현금으로 지급하다.
② 상품 ₩100,000을 매입하고, 대금은 수표를 발행하여 지급하다.
③ 상품 ₩100,000을 매입하고, 대금은 1개월 후에 지급하기로 하다.
④ 상품 ₩100,000을 매입하고, 국민은행 발행의 자기앞수표로 지급하다.

14. (주)상공산업은 외상으로 판매했던 상품에 대한 대금 ₩300,000을 현금으로 받아 즉시 당좌예입하였다. 분개로 옳은 것은?

① (차) 외상매출금 300,000   (대) 당좌예금 300,000
② (차) 당좌예금 300,000   (대) 외상매출금 300,000
③ (차) 당좌예금 300,000   (대) 받을어음 300,000
④ (차) 받을어음 300,000   (대) 당좌예금 300,000

15. 차용증서를 써 주고 현금 ₩50,000을 단기차입하였을 경우의 분개로 맞는 것은?

① (차) 현 금 50,000   (대) 단기차입금 50,000
② (차) 현 금 50,000   (대) 차 용 증 50,000
③ (차) 현 금 50,000   (대) 대 여 금 50,000
④ (차) 현 금 50,000   (대) 어음차입금 50,000

16. 다음은 (주)대한상공의 잘못 기입한 이월시산표이다. 이월시산표를 수정한 후에 이에 대한 설명으로 옳은 것은?

이 월 시 산 표

(주)대한상공　　　202×년 12월 31일 현재　　　(단위:원)

차변	원면	계정과목	대변
300,000		현　　　　금	
		상　　　　품	250,000
100,000	생	받 을 어 음	
80,000		외 상 매 출 금	
	략	지 급 어 음	350,000
200,000		미 지 급 금	
		자　 본　 금	180,000
680,000			780,000

① 매출채권은 ₩350,000이다.
② 당기순이익은 ₩180,000이다.
③ 기말자산 총액은 ₩680,000이다.
④ 기말상품재고액은 ₩250,000이다.

17. 다음 자료는 (주)상공전자의 비용 지출 내역이다. 회계처리 시 계정과목으로 사용하지 않는 것은?

- 회사 전화요금
- 거래처 직원과 식사
- 불우이웃 돕기 성금
- 회사 홍보용 기념품 제작비

① 광고선전비　　　　　② 복리후생비
③ 통신비　　　　　　　④ 기부금

18. 상품매매업을 영위하는 회사인 (주)대한은 (주)상공에서 상품 ₩500,000을 매입하고 대금은 신용카드로 결제하였다. 이를 분개할 때 대변에 기입될 계정과목으로 옳은 것은?

① 미수금　　　　　　　② 선급금
③ 미지급금　　　　　　④ 외상매입금

19. 의류도매업을 경영하는 (주)상공이 다음의 거래를 분개할 때 대변 계정과목으로 옳은 것은?

> (주)수원가구로부터 사무실 업무용 책상과 의자 5조를 ₩1,000,000에 구입하고, 대금은 외상으로 하다.

① 미수금　　　　　　　② 미지급금
③ 외상매입금　　　　　④ 외상매출금

20. (주)상공의 7월 중 일부 거래 내용이다. 다음 거래에서 계정과목으로 발생하지 않는 것은?

7월 9일	본사 영업부 사원 송중기의 결혼 축하금 ₩100,000을 현금으로 지급하다.
7월 16일	회사의 업무 수행을 위해 국내 출장을 다녀온 박보검으로부터 식대, 교통비, 숙박비 ₩250,000에 대한 증빙을 제출받아 처리하다.
7월 23일	공장 건물로 사용하고 있는 건물에 대한 사용료 ₩300,000을 현금으로 지급하다.

① 접대비　　　　　　　② 복리후생비
③ 여비교통비　　　　　④ 임차료

21. 다음은 개인기업인 상공상사의 결산절차이다. (가) 절차에 해당하는 내용으로 옳은 것을 <보기>에서 모두 고른 것은?

결산의 예비절차 ➡ (가) ➡ 결산 보고서 작성

━━━ <보 기> ━━━
ㄱ. 주요부와 각종 보조부의 마감
ㄴ. 재무상태표 및 포괄손익계산서 작성
ㄷ. 손익 계정의 대변잔액을 자본금 계정 대변에 대체
ㄹ. 정확한 당기 순손익 파악을 위하여 결산수정사항 정리

① ㄱ, ㄴ　　　　　　　② ㄱ, ㄷ
③ ㄴ, ㄹ　　　　　　　④ ㄷ, ㄹ

나는 가정에서 자산일까? 부채일까?

오래 전 인터넷 검색사이트인 네이버 지식iN에 게시된 질문 중에 흥미로운 것이 있었다. 질문 내용은 다음과 같다.

아래와 같은 질문을 한 네티즌이 채택한 질문은 다음과 같다.

> **Q** 나는 가정에서 자산일까요 부채일까요?   △ 2
> you**** 질문 0건 질문마감률 0%   답변 6   조회 854
>
> 회계학과 2학년인 여대생입니다..
> 회계자료처리론이란 강의를 듣는데 교수님이
> "본인이 가정에서 '자산'인지 '부채'인지
> 작성하시오"란 숙제를 내셨습니다...
> 도무지 무슨 뜻인지 알 수가 없어서
> 구조 요청합니다. 리플 많이 달아 주세요.^^

"[부자 아빠 가난한 아빠]에서는 …… 수입이 없는 지출을 만드는 모든 것을 부채로 보던데 ……

지금 현재 대학생이시라면 등록금이 나가는 상태일 것이고, 물론 용돈도 받아서 쓰시겠죠?

현재는 부채에 가까울 것 같네요, 하지만 부모 입장에서 혹은 가족의 일원으로서의 재화나 소유권 등을 보면 자산입니다. 만약 정부의 실수나 사고로 다치거나(특히 죽었을 때가 예로 좋죠.) 한다면 정부에선 가족에게 피해 보상을 합니다.

그러나 가장 중요한 것은 (답으로 내셔도 됩니다.) 사람은 화폐가치로 평가하기 힘듭니다. 직접적 경제적 자원이 아니니까요 경제적 원칙이 아닌 걸로 사람을 평가한다면 가족에게 있어서 님은 아주 값진 구성원일 겁니다. 집이나 차 같은 것보다... 한마디로 자산입니다. 우기세요. 아무도 정의할 수 없습니다." (아이디 cr****)

많은 답변 중에 채택되지는 않았지만 이런 것도 있었다.

"자신이 집안에서 경제적으로 도움이 되는지 아니면 해가 되는지 그걸 물어 보시는 것 같은데요." (아이디 ji*****) "지금까지 집에서 당신에게 투자 한 만큼의 기대치가 앞으로 있다면 그것은 자산일 테고 암울한 미래만이 기다린다면 당신은 심각한 부채입니다." (아이디 hm****)

"원래 자산은 내 돈이고 부채는 빌려온 거잖아요. 그럼 집에서 나의 기여도를 감안한다면 여성의 경우 결혼하고 그렇다면 부채도 아닙니다. 빌려온 것도 아니고 오히려 손실이라고 봐야죠. 하지만 부모님의 관점에서는 크나큰 자산일 것 같습니다." (아이디 inc****)

과제를 준 교수님이 재미있는 분이신 것 같다. 사람을 화폐 가치로 측정하여 자산이나 부채로 인식한다는 것은 있을 수가 없지만 살다보면 문득 짚고 넘어가 볼 만한 인생의 숙제가 아닌가 싶다.

해답편

해답을 참고하여도 이해할 수 없는 문제는
파스칼미디어 홈페이지(www.pascal21.co.kr)의
e-상담실(수험상담실) 코너를 활용하시기 바랍니다.

1장 · 회계의 기본 개념

01 회계의 기본 원리

기출확인문제	(1) ② (2) ② (3) ① (4) ③ (5) ④ (6) ②

【해설】
(1) 회계의 목적은 기업의 재무상태와 경영성과를 모든 회계정보이용자들에게 제공하는 것이다.

(4) 회계의 역할은 첫째, 정보이용자들이 보유하고 있는 희소한 경제적 자원의 배분과 관련한 유용한 정보를 정리하여, 이해관계자의 이용 목적에 따라 효율적으로 제공한다. 둘째, 수탁책임과 회계책임의 수행 정도를 평가하는 기능이 있다. 셋째, 사회적 통제의 합리화에 많이 활용되고 있다. 따라서 경영자 개인의 능력을 평가하는 기능은 회계의 역할이 될 수 없다.

(6) 인위적으로 정해 놓은 시간적 범위를 회계기간 또는 회계연도라고 한다. 장소적 범위는 회계단위(회계범위)라고 한다.

기본연습문제

1. (1) 회계정보 (2) 재무회계, 관리회계
   (3) 단식부기, 복식부기, 영리부기, 비영리부기
   (4) 회계단위, 회계연도 (5) 배분, 수탁

2. (1) 비 (2) 영 (3) 비 (4) 영 (5) 영 (6) 영
   (7) 비 (8) 영 (9) 영 (10) 비 (11) 영 (11) 영

3. (1) c (2) g (3) h (4) b (5) d (6) f
   (7) e (8) a (9) j (10) l (11) n (12) m

02 기업의 재무상태

기출확인문제	(1) ② (2) ④ (3) ③ (4) ①

【해설】
(4) 기초자산 − 기초부채 = 기초자본(100,000원)
기말자산 − 기말부채 = 기말자본(150,000원)
따라서 기말자본−기초자본=당기순이익(50,000원)

기본연습문제

1. (1) 재화, 채권 (2) 부채 (3) 자산, 부채
   (4) 차변, 대변 (5) 재무상태표 (6) 자산, 부채, 자본
   (7) 자산, 부채, 자본 (8) 기초자산, 기초부채, 기말자산, 기말부채
   (9) ① 기말자본, 기초자본 ② 기초자본, 기말자본
   (10) 순이익, 순손실

2. (1) A (2) A (3) L (4) A (5) L
   (6) A (7) A (8) L (9) A (10) A
   (11) A (12) L (13) A (14) C (15) A
   (16) L (17) A (18) A (19) A (20) A
   (21) L (22) A (23) A (24) A

3.

No.	자 산	부 채	자 본
(1)	₩ 5,000,000	₩ 2,000,000	(₩ 3,000,000)
(2)	(₩ 8,000,000)	₩ 3,000,000	₩ 5,000,000
(3)	₩ 2,000,000	(₩ 500,000)	₩ 1,500,000

4. 자산 ₩3,000,000   부채 ₩1,000,000   자본 ₩2,000,000

5.

자 본 등 식	1,500,000 − 500,000 = 1,000,000
재 무 상 태 표 등 식	1,500,000 = 500,000 + 1,000,000

6.

재 무 상 태 표

한강상사 · 202×년 1월 1일 현재 · 단위 : 원

자 산	금 액	부채 · 자본	금 액
현금및현금성자산	700,000	매 입 채 무	1,000,000
단 기 금 융 자 산	500,000	단 기 차 입 금	200,000
매 출 채 권	500,000	자 본 금	2,000,000
상 품	500,000		
건 물	1,000,000		
	3,200,000		3,200,000

7.

재 무 상 태 표

남문상사 · 202×년 1월 1일 현재 · 단위 : 원

자 산	금 액	부채 · 자본	금 액
현금및현금성자산	800,000	매 입 채 무	400,000
단 기 금 융 자 산	800,000	단 기 차 입 금	100,000
매 출 채 권	300,000	자 본 금	3,000,000
상 품	300,000		
건 물	1,300,000		
	3,500,000		3,500,000

8.

재 무 상 태 표

김포상사 · 202×년 1월 1일 현재 · 단위 : 원

자 산	금 액	부채 · 자본	금 액
현금및현금성자산	900,000	매 입 채 무	1,200,000
단 기 금 융 자 산	800,000	단 기 차 입 금	300,000
매 출 채 권	600,000	자 본 금	3,000,000
상 품	500,000		
토 지	1,700,000		
	4,500,000		4,500,000

9.

재 무 상 태 표

길동상사 · 202×년 1월 1일 현재 · 단위 : 원

자 산	금 액	부채 · 자본	금 액
현금및현금성자산	700,000	매 입 채 무	1,200,000
단 기 금 융 자 산	1,150,000	단 기 차 입 금	200,000
매 출 채 권	800,000	자 본 금	2,000,000
상 품	(550,000)		
건 물	200,000		
	3,400,000		3,400,000

10.

재 무 상 태 표

마포상사   202×년 1월 1일   단위 : 원

자 산	금 액	부채 · 자본	금 액
현금및현금성자산	500,000	매 입 채 무	200,000
단 기 금 융 상 품	300,000	단 기 차 입 금	200,000
매 출 채 권	400,000	장 기 차 입 금	100,000
상 품	250,000	자 본 금	1,000,000
건 물	50,000		
	1,500,000		1,500,000

재 무 상 태 표

마포상사   202×년 12월 31일   단위 : 원

자 산	금 액	부채 · 자본	금 액
현금및현금성자산	800,000	매 입 채 무	250,000
단 기 금 융 상 품	100,000	단 기 차 입 금	100,000
매 출 채 권	300,000	장 기 차 입 금	50,000
상 품	400,000	자 본 금	1,000,000
건 물	100,000	당 기 순 이 익	300,000
	1,700,000		1,700,000

11.

재 무 상 태 표

명륜상사   202×년 12월 31일   단위 : 원

자 산	금 액	부채 · 자본	금 액
현금및현금성자산	2,300,000	매 입 채 무	900,000
단 기 금 융 자 산	1,000,000	단 기 차 입 금	600,000
매 출 채 권	2,000,000	장 기 차 입 금	1,000,000
건 물	3,000,000	자 본 금	5,000,000
		당 기 순 이 익	800,000
	8,300,000		8,300,000

(1) ₩8,000,000   (2) ₩5,000,000   (3) ₩8,300,000
(4) ₩5,800,000   (5) ₩ 800,000

03 수익 · 비용 · 포괄손익계산서

기출확인문제 (1) ④

🍵 **기본연습문제**

1. (1) 수익, 비용   (2) 당기순이익, 증가   (3) 당기순손실, 감소
    (4) 포괄익계산서   (5) 당기순이익, 총수익, 총수익, 당기순손실
    (6) 붉은색

2. (1) R   (2) E   (3) R   (4) E   (5) E
    (6) R   (7) E   (8) R   (9) E   (10) R
    (11) E   (12) E   (13) E   (14) E   (15) E
    (16) E   (17) E   (18) E   (19) E   (20) R
    (21) E

3.

구분＼번호	(1)	(2)	(3)	(4)	(5)	(6)
총 수 익	350,000	250,000	(280,000)	800,000	(280,000)	500,000
총 비 용	300,000	350,000	200,000	(750,000)	300,000	(540,000)
당기순손익	(50,000)	(−100,000)	80,000	50,000	−20,000	−40,000

4.

포 괄 손 익 계 산 서

강릉상사   202×년 1월 1일부터 12월 31일까지   단위 : 원

비 용	금 액	수 익	금 액
종 업 원 급 여	120,000	상 품 매 출 이 익	320,000
보 험 료	30,000	수 수 료 수 익	80,000
여 비 교 통 비	40,000	임 대 료	50,000
통 신 비	60,000		
수 도 광 열 비	50,000		
광 고 선 전 비	30,000		
당 기 순 이 익	120,000		
	450,000		450,000

5.

포 괄 손 익 계 산 서

강남상사   202×년 1월 1일부터 12월 31일까지   단위 : 원

비 용	금 액	수 익	금 액
종 업 원 급 여	450,000	상 품 매 출 이 익	800,000
통 신 비	80,000	이 자 수 익	200,000
수 도 광 열 비	60,000		
이 자 비 용	130,000		
당 기 순 이 익	280,000		
	1,000,000		1,000,000

6.

포 괄 손 익 계 산 서

김포상사   202×년 1월 1일부터 12월 31일까지   단위 : 원

비 용	금 액	수 익	금 액
종 업 원 급 여	350,000	상 품 매 출 이 익	500,000
여 비 교 통 비	50,000	이 자 수 익	80,000
보 험 료	80,000	잡 이 익	70,000
광 고 선 전 비	70,000	당 기 순 손 실	40,000
세 금 과 공 과	140,000		
	690,000		690,000

7.

포 괄 손 익 계 산 서

서울상사   202×년 1월 1일부터 12월 31일까지   단위 : 원

비 용	금 액	수 익	금 액
종 업 원 급 여	260,000	상 품 매 출 이 익	(415,000)
보 험 료	40,000	이 자 수 익	80,000
세 금 과 공 과	35,000	임 대 료	70,000
여 비 교 통 비	80,000		
당 기 순 이 익	150,000		
	565,000		565,000

04 기업의 손익 계산

 기본연습문제

1. (1) 당기순이익, 당기순손실
(2) ① 기말자본 − 기초자본　　② 기초자본 − 기말자본
(3) ① 총수익 − 총비용　　② 총비용 − 총수익
(4) 증가 감소
(5) 차, 대
(6) 일치

2.

No.	기초자본	기말자본	당기순손익
(1)	820,000	1,020,000	(① 200,000)
(2)	2,000,000	(② 2,500,000)	500,000
(3)	(③ 1,000,000)	850,000	− 150,000

3.

No.	총 수 익	총 비 용	당기순손익
(1)	500,000	350,000	(① 150,000)
(2)	800,000	(② 600,000)	200,000
(3)	(③ 920,000)	1,000,000	− 80,000

4.

No.	기초자본	기말자본	총 수 익	총 비 용	당기순손익
(1)	80,000	100,000	55,000	35,000	(20,000)
(2)	120,000	150,000	(50,000)	20,000	(30,000)
(3)	70,000	(85,000)	80,000	65,000	(15,000)
(4)	(600,000)	650,000	350,000	(300,000)	50,000
(5)	(270,000)	250,000	(60,000)	80,000	− 20,000

5.

재 무 상 태 표 (기 초)

설악상사　　202×년 1월 1일　　단위:원

자 산	금 액	부채 · 자본	금 액
현금및현금성자산	400,000	매 입 채 무	600,000
단 기 금 융 상 품	450,000	단 기 차 입 금	300,000
매 출 채 권	250,000	장 기 차 입 금	200,000
상 품	500,000	자 본 금	1,500,000
건 물	1,000,000		
	2,600,000		2,600,000

재 무 상 태 표 (기 말)

설악상사　　202×년 12월 31일　　단위:원

자 산	금 액	부채 · 자본	금 액
현금및현금성자산	600,000	매 입 채 무	850,000
단 기 금 융 자 산	400,000	단 기 차 입 금	250,000
매 출 채 권	300,000	장 기 차 입 금	700,000
상 품	600,000	자 본 금	1,500,000
건 물	1,500,000	당 기 순 이 익	100,000
	3,400,000		3,400,000

포 괄 손 익 계 산 서

설악상사　　202×년 1월 1일부터 12월 31일까지　　단위:원

비 용	금 액	수 익	금 액
종 업 원 급 여	280,000	상 품 매 출 이 익	450,000
보 험 료	120,000	이 자 수 익	80,000
소 모 품 비	30,000	잡 이 익	70,000
통 신 비	50,000		
여 비 교 통 비	20,000		
당 기 순 이 익	100,000		
	600,000		600,000

【물음】

(1) 2,600,000　　(2) 1,100,000　　(3) 1,500,000
(4) 3,400,000　　(5) 1,800,000　　(6) 1,600,000
(7) 600,000　　(8) 100,000

6.

재 무 상 태 표

강원상사　　202×년 12월 31일　　단위:원

자 산	금 액	부채 · 자본	금 액
현금및현금성자산	500,000	매 입 채 무	1,050,000
단 기 금 융 자 산	400,000	단 기 차 입 금	600,000
매 출 채 권	350,000	자 본 금	500,000
상 품	450,000	당 기 순 이 익	50,000
건 물	500,000		
	2,200,000		2,200,000

포 괄 손 익 계 산 서

강원상사　　202×년 1월 1일부터 12월 31일까지　　단위:원

비 용	금 액	수 익	금 액
종 업 원 급 여	160,000	상 품 매 출 이 익	350,000
여 비 교 통 비	20,000	이 자 수 익	40,000
통 신 비	50,000	임 대 료	20,000
광 고 선 전 비	100,000		
잡 비	30,000		
당 기 순 이 익	50,000		
	410,000		410,000

기출확인문제	(1) ③　　(2) ①　　(3) ④

【해설】 2. 가 + 나 + 라 − 다 − 마 − 바 = 50,000(이익)
　　3. • 순이익 : 수익총액 − 비용총액 = 200,000
　　　• 기초자본 : 기초자산 − 기초부채 = 300,000
　　　• 기말자본 : 기초자본 + 순이익 = 500,000
　　　• 기말자산 : 기말부채 + 기말자본 = 800,000

 국가직무능력표준(NCS, national competency standards)

직업기초능력평가문제

(1) ②　　(2) ①　　(3) ④　　(4) ①　　(5) ②
(6) ③

【 해설 】

1. • 인호 : 상법상 회계기간은 1년을 초과할 수 없다.
   • 영희 : 내부관계자를 위한 회계영역은 관리회계라 하고, 외부관계자를 위한 영역을 재무회계라 한다.

2. 재무상태표는 일정시점의 재무상태를 나타내는 재무제표이다.

3. 포괄손익계산서는 일정기간의 재무성과를 나타내는 재무제표이다.

4. ㉠은 자산·부채·자본의 내용이므로 재무상태표이고, ㉡은 비용·수익의 내용이므로 포괄손익계산서이다.

5. 문제는 자본유지접근법(재산법)으로 당기순이익을 측정하는 것이다.
   • 기말자본금(200,000 + 150,000 − 100,000) − 기초자본금 20만원 = 50,000(당기순이익)

6. • 수익총액 − 비용총액 = 60,000원(당기순이익)
   • 회계기말의 자산총액 − 부채총액 = 240,000(기말자본)
   • 기초자본은 기말자본 − 당기순이익 = 180,000이다.

2장 · 회계의 순환 과정

01 거 래

기출확인문제	(1) ② (2) ④ (3) ② (4) ② (5) ③ (6) ②

기본연습문제

1.

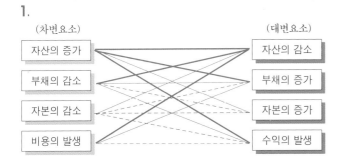

(차변요소)	(대변요소)
자산의 증가	자산의 감소
부채의 감소	부채의 증가
자본의 감소	자본의 증가
비용의 발생	수익의 발생

2.
(1) ○	(2) ○	(3) ×	(4) ○	(5) ×
(6) ○	(7) ×	(8) ○	(9) ○	(10) ×
(11) ○	(12) ○	(13) ×	(14) ○	(15) ×
(16) ×	(17) ○	(18) ○	(19) ○	(20) ×

3.

No.	차변요소	대변요소	거래의 종류
보기	자산의 증가	자산의 감소	교 환 거 래
(1)	자산의 증가	자산의 감소	교 환 거 래
(2)	자산의 증가	자산의 감소	교 환 거 래
(3)	자산의 증가	부채의 증가	교 환 거 래
(4)	자산의 증가	자산의 감소	교 환 거 래
(5)	자산의 증가	자산의 감소 부채의 증가	교 환 거 래

4.

No.	차변요소	대변요소	거래의 종류
(1)	자산의 증가	자산의 감소	교 환 거 래
(2)	자산의 증가	자산의 감소	교 환 거 래
(3)	자산의 증가	자산의 감소	교 환 거 래
(4)	자산의 증가	자산의 감소	교 환 거 래
(5)	자산의 증가	자산의 감소	교 환 거 래
(6)	자산의 증가	자산의 감소	교 환 거 래

5.

No.	차변요소	대변요소	거래의 종류
(1)	자산의 증가	자본의 증가	교 환 거 래
(2)	자산의 증가	자본의 증가	교 환 거 래
(3)	자산의 증가	자본의 증가	교 환 거 래
(4)	자산의 증가	부채의 증가	교 환 거 래
(5)	자산의 증가	부채의 증가 자본의 증가	교 환 거 래

6.

No.	차변요소	대변요소	거래의 종류
(1)	자산의 증가	자산의 감소	교 환 거 래
(2)	자산의 증가	자산의 감소	교 환 거 래
(3)	자산의 증가	자산의 감소	교 환 거 래
(4)	자산의 증가	자산의 감소	교 환 거 래
(5)	자산의 증가	자산의 감소	교 환 거 래

7.

No.	차변요소	대변요소	거래의 종류
(1)	자산의 증가	부채의 증가	교 환 거 래
(2)	부채의 감소	자산의 감소	교 환 거 래
(3)	부채의 감소	자산의 감소	교 환 거 래

8.

No.	차변요소	대변요소	거래의 종류
보기	비용의 발생	자산의 감소	손 익 거 래
(1)	비용의 발생	자산의 감소	손 익 거 래
(2)	비용의 발생	자산의 감소	손 익 거 래
(3)	비용의 발생	자산의 감소	손 익 거 래
(4)	비용의 발생	자산의 감소	손 익 거 래
(5)	비용의 발생	자산의 감소	손 익 거 래
(6)	비용의 발생	자산의 감소	손 익 거 래
(7)	비용의 발생	자산의 감소	손 익 거 래
(8)	비용의 발생	자산의 감소	손 익 거 래
(9)	자산의 증가	수익의 발생	손 익 거 래
(10)	자산의 증가	수익의 발생	손 익 거 래
(11)	자산의 증가	수익의 발생	손 익 거 래
(12)	자산의 증가	수익의 발생	손 익 거 래

9.

No.	차변요소	대변요소	거래의 종류
보기	자산의 증가	자산의 감소 수익의 발생	혼 합 거 래
(1)	자산의 증가	자산의 감소 수익의 발생	혼 합 거 래
(2)	자산의 증가	자산의 감소 수익의 발생	혼 합 거 래
(3)	자산의 증가	자산의 감소 수익의 발생	혼 합 거 래
(4)	자산의 증가	자산의 감소 수익의 발생	혼 합 거 래
(5)	부채의 감소 비용의 발생	자산의 감소	혼 합 거 래
(6)	자산의 증가 비용의 발생	자산의 감소	혼 합 거 래

10.

(1) 교   (2) 교   (3) 손   (4) 혼   (5) 교
(6) 손   (7) 혼   (8) 교   (9) 교

02 계 정

기출확인문제   (1) ④   (2) ③   (3) ①   (4) ③

 기본연습문제

1.

(1) A   (2) L   (3) A   (4) E   (5) R
(6) E   (7) A   (8) L   (9) C   (10) R
(11) E   (12) E   (13) R   (14) A   (15) A
(16) L   (17) A   (18) R

2.

현 금		외상매입금		상 품	
(증 가)	(감 소)	(감 소)	(증 가)	(증 가)	(감 소)

자 본 금		상품매출이익		급 여	
(감 소)	(증 가)	(소 멸)	(발 생)	(발 생)	(소 멸)

단기차입금		외상매출금		비 품	
(감 소)	(증 가)	(증 가)	(감 소)	(증 가)	(감 소)

3.

(1) 차   (2) 대   (3) 대   (4) 차   (5) 대
(6) 차   (7) 대   (8) 대   (9) 차   (10) 차
(11) 차   (12) 대   (13) 차   (14) 대   (15) 차

4.

(1) 차   (2) 차   (3) 차   (4) 차   (5) 대
(6) 대   (7) 차   (8) 대   (9) 차   (10) 대
(11) 대   (12) 차   (13) 차   (14) 대   (15) 차
(16) 차   (17) 대   (18) 차

5.

(1) 현금   (2) 당좌예금   (3) 현금및현금성자산   (4) 단기금융상품
(5) 당기손익-공정가치측정금융자산   (6) 외상매출금   (7) 받을어음
(8) 미수금   (9) 단기대여금   (10) 상품   (11) 비품
(12) 건물   (13) 외상매입금   (14) 지급어음   (15) 미지급금
(16) 단기차입금   (17) 자본금   (18) 상품매출이익   (19) 이자수익
(20) 임대료   (21) 수수료수익   (22) 잡이익   (23) 종업원급여
(24) 이자비용   (25) 임차료   (26) 여비교통비   (27) 통신비
(28) 수도광열비   (29) 소모품비   (30) 세금과공과   (31) 보험료
(32) 광고선전비   (33) 잡비(도서인쇄비)   (34) 운반비

6.

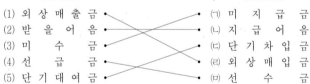

A항	B항
(1) 외 상 매 출 금	(ㄱ) 미 지 급 금
(2) 받 을 어 음	(ㄴ) 지 급 어 음
(3) 미 수 금	(ㄷ) 단 기 차 입 금
(4) 선 급 금	(ㄹ) 외 상 매 입 금
(5) 단 기 대 여 금	(ㅁ) 선 수 금
(6) 상 품 매 출 이 익	(ㅂ) 이 자 비 용
(7) 임 대 료	(ㅅ) 상 품 매 출 손 실
(8) 이 자 수 익	(ㅇ) 수 수 료 비 용
(9) 수 수 료 수 익	(ㅈ) 임 차 료

03 분개와 전기

 기본연습문제

1.

No.	차 변 과 목	금 액	대 변 과 목	금 액
(1)	비 품	80,000	현 금	80,000
(2)	상 품	200,000	현 금	200,000
(3)	현 금	150,000	상 품	150,000
(4)	외 상 매 출 금	350,000	상 품	350,000
(5)	미 수 금	50,000	비 품	50,000
(6)	현 금	250,000	외 상 매 출 금	250,000
(7)	당 좌 예 금	420,000	현 금	420,000
(8)	단 기 대 여 금	300,000	현 금	300,000
(9)	단 기 예 금	2,000,000	현 금	2,000,000

2.

No.	차변과목	금 액	대변과목	금 액
(1)	상 품	150,000	외 상 매 입 금	150,000
(2)	현 금	200,000	단 기 차 입 금	200,000
(3)	비 품	120,000	미 지 급 금	120,000
(4)	상 품	500,000	지 급 어 음	500,000
(5)	비 품	800,000	미 지 급 금	800,000
(6)	현 금	600,000	단 기 차 입 금	600,000

3.

No.	차변과목	금 액	대변과목	금 액
(1)	현 금	500,000	자 본 금	500,000
(2)	현 금 상 품	800,000 200,000	자 본 금	1,000,000
(3)	현 금 상 품 건 물	600,000 400,000 1,000,000	자 본 금	2,000,000

4.

No.	차변과목	금 액	대변과목	금 액
(1)	현 금	150,000	임 대 료	150,000
(2)	현 금	20,000	이 자 수 익	20,000
(3)	현 금	50,000	수 수 료 수 익	50,000
(4)	현 금	20,000	잡 이 익	20,000
(5)	현 금	10,000	이 자 수 익	10,000

5.

No.	차변과목	금 액	대변과목	금 액
(1)	외 상 매 입 금	200,000	현 금	200,000
(2)	단 기 차 입 금	350,000	현 금	350,000
(3)	지 급 어 음	250,000	현 금	250,000
(4)	외 상 매 입 금	500,000	당 좌 예 금	500,000
(5)	미 지 급 금	80,000	현 금	80,000

6.

No.	차변과목	금 액	대변과목	금 액
(1)	자 본 금	200,000	현 금	200,000
(2)	자 본 금	50,000	상 품	50,000
(3)	자 본 금	800,000	현 금	800,000

7.

No.	차변과목	금 액	대변과목	금 액
(1)	종 업 원 급 여	300,000	현 금	300,000
(2)	접 대 비	34,000	현 금	34,000
(3)	통 신 비	250,000	현 금	250,000
(4)	광 고 선 전 비	500,000	현 금	500,000
(5)	이 자 비 용	20,000	현 금	20,000
(6)	수 도 광 열 비	70,000	현 금	70,000
(7)	잡 비	15,000	현 금	15,000
(8)	잡 손 실	420,000	현 금	420,000
(9)	세 금 과 공 과	780,000	현 금	780,000
(10)	보 험 료	80,000	현 금	80,000

▶ (7)번 차변에 '도서인쇄비'도 가능함

8.

No.	차변과목	금 액	대변과목	금 액
(1)	외 상 매 입 금	200,000	지 급 어 음	200,000

9.

No.	차변과목	금 액	대변과목	금 액
(1)	현 금	300,000	상 품 상 품 매 출 이 익	250,000 50,000
(2)	외 상 매 출 금	500,000	상 품 상 품 매 출 이 익	420,000 80,000
(3)	현 금	320,000	단 기 대 여 금 이 자 수 익	300,000 20,000
(4)	현 금	830,000	단 기 대 여 금 이 자 수 익	800,000 30,000

10.

No.	차변과목	금 액	대변과목	금 액
(1)	단 기 차 입 금 이 자 비 용	200,000 5,000	현 금	205,000
(2)	단 기 차 입 금 이 자 비 용	400,000 20,000	당 좌 예 금	420,000

11.

No.	차변과목	금 액	대변과목	금 액
(1)	상 품	800,000	현 금 외 상 매 입 금	500,000 300,000
(2)	상 품	600,000	당 좌 예 금 외 상 매 입 금	300,000 300,000
(3)	비 품	300,000	현 금 미 지 급 금	200,000 100,000

12.

No.	차변과목	금 액	대변과목	금 액
(1)	현 금	1,000,000	자 본 금	1,000,000
(2)	상 품	200,000	현 금	200,000
(3)	비 품	150,000	현 금	150,000
(4)	현 금	500,000	단 기 차 입 금	500,000
(5)	상 품	150,000	외 상 매 입 금	150,000
(6)	외 상 매 출 금	300,000	상 품 상 품 매 출 이 익	280,000 20,000
(7)	단 기 대 여 금	800,000	현 금	800,000
(8)	상 품	350,000	현 금 외 상 매 입 금	200,000 150,000
(9)	외 상 매 입 금	100,000	현 금	100,000
(10)	당 좌 예 금	250,000	현 금	250,000
(11)	종 업 원 급 여	400,000	현 금	400,000
(12)	현 금	120,000	외 상 매 출 금	120,000
(13)	단 기 차 입 금 이 자 비 용	300,000 5,000	현 금	305,000
(14)	건 물	2,000,000	현 금 미 지 급 금	1,500,000 500,000
(15)	현 금	2,000,000	단 기 차 입 금	2,000,000
(16)	현 금	20,000	이 자 수 익	20,000

13.

No.	차변과목	금액	대변과목	금액
(1)	현 금 건 물	500,000 1,000,000	자 본 금	1,500,000
(2)	잡 비	8,000	현 금	8,000
(3)	외 상 매 출 금	420,000	상 품 상 품 매 출 이 익	350,000 70,000
(4)	현 금	20,000	수 수 료 수 익	20,000
(5)	외 상 매 입 금	150,000	현 금	150,000
(6)	통 신 비	45,000	현 금	45,000
(7)	현 금	520,000	단 기 대 여 금 이 자 수 익	500,000 20,000
(8)	차 량 운 반 구	8,000,000	당 좌 예 금 미 지 급 금	5,000,000 3,000,000
(9)	상 품	350,000	외 상 매 입 금	350,000
(10)	비 품	80,000	미 지 급 금	80,000
(11)	이 자 비 용	5,000	현 금	5,000
(12)	현 금 외 상 매 출 금	200,000 320,000	상 품 상 품 매 출 이 익	400,000 120,000
(13)	임 차 료	240,000	현 금	240,000
(14)	현 금	150,000	외 상 매 출 금	150,000
(15)	분 개 없 음			

14.

No.	차변과목	금액	대변과목	금액
(1)	상 품	250,000	현 금 외 상 매 입 금	150,000 100,000
(2)	단 기 대 여 금	200,000	현 금	200,000
(3)	현 금	30,000	잡 이 익	30,000
(4)	외 상 매 출 금	300,000	상 품 상 품 매 출 이 익	250,000 50,000
(5)	분 개 없 음			
(6)	현 금 외 상 매 출 금	400,000 400,000	상 품 상 품 매 출 이 익	750,000 50,000
(7)	현 금	120,000	외 상 매 출 금	120,000
(8)	외 상 매 출 금 운 반 비	500,000 3,000	상 품 상 품 매 출 이 익 현 금	420,000 80,000 3,000
(9)	상 품	254,000	외 상 매 입 금 현 금	250,000 4,000
(10)	외 상 매 입 금	200,000	현 금	200,000
(11)	수 도 광 열 비	30,000	현 금	30,000
(12)	세 금 과 공 과	50,000	현 금	50,000
(13)	자 본 금	280,000	현 금	280,000
(14)	복 리 후 생 비	320,000	현 금	320,000
(15)	단 기 금 융 상 품	1,000,000	현 금	1,000,000

문제 14번 해설(분개8번과 9번)

▶ 상품매입시 인수운임은 상품원가에 포함하여야 하고, 상품매출시 발송운임은
별도로 비용계정(운반비)으로 처리한다.

15.

No.	차변과목	금액	대변과목	금액
4/ 1	현 금	600,000	자 본 금	600,000
3	상 품	300,000	현 금	300,000
7	비 품	100,000	현 금	100,000
10	외 상 매 출 금	250,000	상 품 상 품 매 출 이 익	200,000 50,000
15	현 금	150,000	단 기 차 입 금	150,000
20	상 품	200,000	외 상 매 입 금	200,000
23	현 금	100,000	외 상 매 출 금	100,000
25	종 업 원 급 여	60,000	현 금	60,000
27	현 금	400,000	상 품 상 품 매 출 이 익	300,000 100,000

현 금

4/ 1 자 본 금	600,000	4/3 상 품	300,000
15 단 기 차 입 금	150,000	7 비 품	100,000
23 외 상 매 출 금	100,000	25 종 업 원 급 여	60,000
27 제 좌	400,000		

비 품

4/ 7 현 금 100,000	

단 기 차 입 금

	4/15 현 금 150,000

상 품 매 출 이 익

	4/10 외 상 매 출 금 50,000
	27 현 금 100,000

외 상 매 출 금

4/10 제 좌 250,000	4/23 현 금 100,000

상 품

4/ 3 현 금 300,000	4/10 외 상 매 출 금 200,000
20 외 상 매 입 금 200,000	27 현 금 300,000

외 상 매 입 금

	4/20 상 품 200,000

자 본 금

	4/ 1 현 금 600,000

종 업 원 급 여

4/25 현 금 60,000	

기출확인문제	(1) ① (2) ① (3) ① (4) ③ (5) ① (6) ③

04 장 부

기출확인문제   (1) ②

![기본연습문제]

분 개 장 (1)

날 짜		적 요	원면	차 변	대 변
4	1	(현 금)	1	700,000	
		(자 본 금)	7		700,000
		현금출자 영업개시			
	3	(비 품)	4	60,000	
		(현 금)	1		60,000
		영업용 책상, 의자 구입			
	6	(상 품)	3	300,000	
		(외상매입금)	5		300,000
		대한상사에서 상품 매입			
	8	(현 금)	1	500,000	
		(단기차입금)	6		500,000
		상공상사에서 현금 차입			
4	12	(현 금)	1	200,000	
		(외상매출금) 제 좌	2	150,000	
		제 좌 (상 품)	3		250,000
		(상품매출이익)	8		100,000
		서울상사에 상품 매출			
	15	(외상매입금)	5	200,000	
		(현 금)	1		200,000
		외상매입금 지급			
	16	(현 금)	1	12,000	
		(수수료수익)	9		12,000
		중개수수료 받다			
		다음면에		2,122,000	2,122,000

분 개 장 (2)

날 짜		적 요	원면	차 변	대 변
		앞면에서		2,122,000	2,122,000
4	20	제 좌 (현 금)	1		308,000
		(단기차입금)	6	300,000	
		(이자비용)	12	8,000	
		단기차입금과 이자 지급			
	23	(현 금)	1	100,000	
		(외상매출금)	2		100,000
		외상매출금 회수			
	25	(종업원급여)	10	70,000	
		(현 금)	1		70,000
		급여 지급			
	30	(임 차 료)	11	50,000	
		(현 금)	1		50,000
		임차료 지급			
				2,650,000	2,650,000

총 계 정 원 장

현 금 (1)

4/ 1 자 본 금	700,000	4/ 3 비 품	60,000
8 단기차입금	500,000	15 외상매입금	200,000
12 제 좌	200,000	20 제 좌	308,000
16 수수료수익	12,000	25 종업원급여	70,000
23 외상매출금	100,000	30 임 차 료	50,000

외 상 매 출 금 (2)

4/12 제 좌	150,000	4/23 현 금	100,000

상 품 (3)

4/ 6 외상매입금	300,000	4/12 제 좌	250,000

비 품 (4)

4/ 3 현 금	60,000		

외 상 매 입 금 (5)

4/15 현 금	200,000	4/ 6 상 품	300,000

단 기 차 입 금 (6)

4/20 현 금	300,000	4/ 8 현 금	500,000

자 본 금 (7)

		4/ 1 현 금	700,000

상 품 매 출 이 익 (8)

		4/12 제 좌	100,000

수 수 료 수 익 (9)

		4/16 현 금	12,000

종 업 원 급 여 (10)

4/25 현 금	70,000		

임 차 료 (11)

4/30 현 금	50,000		

이 자 비 용 (12)

4/20 현 금	8,000		

05 시 산 표

1.

합 계 시 산 표

차 변	원면	계 정 과 목	대 변
630,000	1	현금및현금성자산	390,000
45,000	2	단 기 금 융 상 품	
130,000	3	외 상 매 출 금	50,000
350,000	4	상 품	300,000
200,000	5	건 물	
80,000	6	외 상 매 입 금	100,000
20,000	7	단 기 차 입 금	50,000
	8	자 본 금	500,000
	9	상 품 매 출 이 익	80,000
	10	임 대 료	30,000
40,000	11	종 업 원 급 여	
5,000	12	이 자 비 용	
1,500,000			1,500,000

1. 잔액시산표

차 변	원면	계정과목	대 변
240,000	1	현금및현금성자산	
45,000	2	단기금융상품	
80,000	3	외상매출금	
50,000	4	상품	
200,000	5	건물	
	6	외상매입금	20,000
	7	단기차입금	30,000
	8	자본금	500,000
	9	상품매출이익	80,000
	10	임대료	30,000
40,000	11	종업원급여	
5,000	12	이자비용	
660,000			660,000

3. 잔액시산표

차 변	원면	계정과목	대 변
410,000	1	현금	
130,000	2	외상매출금	
230,000	3	상품	
100,000	4	비품	
	5	외상매입금	150,000
	6	단기차입금	20,000
	7	자본금	(500,000)
	8	상품매출이익	250,000
	9	이자수익	40,000
70,000	10	종업원급여	
15,000	11	통신비	
5,000	12	이자비용	
960,000			960,000

합계잔액시산표

차 변		원면	계정과목	대 변	
잔 액	합 계			합 계	잔 액
240,000	630,000	1	현금및현금성자산	390,000	
45,000	45,000	2	단기금융상품		
80,000	130,000	3	외상매출금	50,000	
50,000	350,000	4	상품	300,000	
200,000	200,000	5	건물		
	80,000	6	외상매입금	100,000	20,000
	20,000	7	단기차입금	50,000	30,000
		8	자본금	500,000	500,000
		9	상품매출이익	80,000	80,000
		10	임대료	30,000	30,000
40,000	40,000	11	종업원급여		
5,000	5,000	12	이자비용		
660,000	1,500,000			1,500,000	660,000

4. 합계잔액시산표

차 변		원면	계정과목	대 변	
잔 액	합 계			합 계	잔 액
300,000	530,000	1	현금	230,000	
50,000	400,000	2	당좌예금	350,000	
220,000	820,000	3	외상매출금	600,000	
160,000	920,000	4	상품	760,000	
200,000	200,000	5	비품		
	320,000	6	외상매입금	420,000	100,000
	130,000	7	지급어음	200,000	70,000
		8	자본금	(700,000)	(700,000)
		9	상품매출이익	180,000	180,000
		10	수수료수익	20,000	20,000
80,000	80,000	11	종업원급여		
15,000	15,000	12	보험료		
10,000	10,000	13	임차료		
25,000	25,000	14	광고선전비		
10,000	10,000	15	잡비		
1,070,000	3,460,000			3,460,000	1,070,000

2. 합계시산표

차 변	원면	계정과목	대 변
480,000	1	현금	150,000
260,000	2	외상매출금	120,000
50,000	3	단기대여금	
480,000	4	상품	420,000
50,000	5	비품	
120,000	6	외상매입금	230,000
	7	단기차입금	40,000
	8	자본금	(415,000)
	9	상품매출이익	70,000
	10	이자수익	15,000
18,000	11	종업원급여	
2,000	12	임차료	
1,460,000			1,460,000

5.

No.	차변과목	금 액	대변과목	금 액
(1)	현금	1,000,000	단기차입금	200,000
			자본금	800,000
(2)	비품	150,000	현금	150,000
(3)	상품	500,000	현금	300,000
			외상매입금	200,000
(4)	외상매출금	450,000	상품	300,000
			상품매출이익	150,000
(5)	외상매입금	120,000	현금	120,000
(6)	단기차입금	150,000	현금	160,000
	이자비용	10,000		
(7)	현금	250,000	외상매출금	250,000
(8)	현금	150,000	상품	100,000
			상품매출이익	50,000
(9)	종업원급여	50,000	현금	50,000

현　　　　　　　금 (1)

제　　　　좌	1,000,000		비　　　　　품		150,000
외 상 매 출 금	250,000		상　　　　　품		300,000
제　　　　좌	150,000		외 상 매 입 금		120,000
			제　　　　　좌		160,000
			종 업 원 급 여		50,000

외　상　매　출　금 (2)

제　　좌	450,000		현　　　　금	250,000

상　　　　　　품 (3)

제　　좌	500,000		외 상 매 출 금	300,000
			현　　　　금	100,000

비　　　　　　품 (4)

현　　금	150,000		

외　상　매　입　금 (5)

현　　금	120,000		상　　　　품	200,000

단　기　차　입　금 (6)

현　　금	150,000		현　　　　금	200,000

자　　본　　금 (7)

		현　　　　금	800,000

상　품　매　출　이　익 (8)

		외 상 매 출 금	150,000
		현　　　　금	50,000

종　업　원　급　여 (9)

현　　금	50,000		

이　자　비　용 (10)

현　　금	10,000		

합　계　잔　액　시　산　표

차 변 (잔액)	차 변 (합계)	원면	계 정 과 목	대 변 (합계)	대 변 (잔액)
620,000	1,400,000	1	현　　　　금	780,000	
200,000	450,000	2	외 상 매 출 금	250,000	
100,000	500,000	3	상　　　　품	400,000	
150,000	150,000	4	비　　　　품		
	120,000	5	외 상 매 입 금	200,000	80,000
	150,000	6	단 기 차 입 금	200,000	50,000
		7	자　　본　　금	800,000	800,000
		8	상 품 매 출 이 익	200,000	200,000
50,000	50,000	9	종 업 원 급 여		
10,000	10,000	10	이 자 비 용		
1,130,000	2,830,000			2,830,000	1,130,000

6.

잔 액 시 산 표

차 변	원면	계 정 과 목	대 변
100,000	1	현　　　　금	
175,000	2	외 상 매 출 금	
160,000	3	단 기 대 여 금	
105,000	4	상　　　　품	
300,000	5	건　　　　물	
	6	외 상 매 입 금	270,000
	7	단 기 차 입 금	192,000
	8	자　　본　　금	280,000
	9	상 품 매 출 이 익	295,000
	10	수 수 료 수 익	23,000
150,000	11	종 업 원 급 여	
45,000	12	보　험　료	
25,000	13	잡　　　　비	
1,060,000			1,060,000

7.

잔 액 시 산 표

차 변	원면	계 정 과 목	대 변
252,000		현　　　　금	
240,000		당 기 손 익 금 융 자 산	
104,000		외 상 매 출 금	
60,000	(생	상　　　　품	
100,000		비　　　　품	
		외 상 매 입 금	84,000
		지 급 어 음	50,000
		자　　본　　금	(400,000)
		상 품 매 출 이 익	240,000
	략	이 자 수 익	48,000
34,000		종 업 원 급 여	
10,000		보　험　료	
20,000	)	잡　　　　비	
2,000		소 모 품 비	
822,000			822,000

06 정 산 표

기본연습문제

1.

정　　　산　　　표

계 정 과 목	잔액시산표 차변	잔액시산표 대변	포괄손익계산서 차변	포괄손익계산서 대변	재무상태표 차변	재무상태표 대변
현　　　　금	120,000				(120,000)	
단 기 금 융 상 품	100,000				(100,000)	
외 상 매 출 금	80,000				(80,000)	
단 기 대 여 금	50,000				(50,000)	
상　　　　품	150,000				(150,000)	
비　　　　품	80,000				(80,000)	
외 상 매 입 금		150,000				(150,000)
단 기 차 입 금		50,000				(50,000)
자　　본　　금		300,000				(300,000)
상 품 매 출 이 익		150,000		(150,000)		
종 업 원 급 여	40,000		(40,000)			
이 자 비 용	30,000		(30,000)			
당 기 순 이 익			(80,000)			(80,000)
	650,000	650,000	(150,000)	(150,000)	(580,000)	(580,000)

2.

정 산 표

계정과목	잔액시산표 차변	잔액시산표 대변	포괄손익계산서 차변	포괄손익계산서 대변	재무상태표 차변	재무상태표 대변
현 금	150,000				(150,000)	
단기금융상품	100,000				(100,000)	
외 상 매 출 금	120,000				(120,000)	
상 품	230,000				(230,000)	
비 품	50,000				(50,000)	
외 상 매 입 금		70,000				(70,000)
지 급 어 음		80,000				(80,000)
단 기 차 입 금		50,000				(50,000)
자 본 금		(500,000)				(500,000)
상품매출이익		100,000		(100,000)		
이 자 수 익		30,000		(30,000)		
종 업 원 급 여	120,000		(120,000)			
임 차 료	30,000		(30,000)			
보 험 료	20,000		(20,000)			
이 자 비 용	10,000		(10,000)			
당 기 순 손 실				(50,000)	(50,000)	
	(830,000)	(830,000)	(180,000)	(180,000)	(700,000)	(700,000)

3.

정 산 표

계정과목	잔액시산표 차변	잔액시산표 대변	포괄손익계산서 차변	포괄손익계산서 대변	재무상태표 차변	재무상태표 대변
현금및현금성자산	(150,000)				150,000	
단기금융자산	200,000				200,000	
매 출 채 권	120,000				120,000	
상 품	80,000				80,000	
매 입 채 무		150,000				150,000
단 기 차 입 금		70,000				70,000
자 본 금		(300,000)				300,000
상품매출이익		140,000		140,000		
수 수 료 수 익		20,000		20,000		
종 업 원 급 여	90,000		90,000			
보 험 료	10,000		10,000			
임 차 료	25,000		25,000			
이 자 비 용	5,000		5,000			
당 기 순 이 익			30,000			30,000
	680,000	680,000	160,000	160,000	550,000	550,000

4.

정 산 표

계정과목	잔액시산표 차변	잔액시산표 대변	포괄손익계산서 차변	포괄손익계산서 대변	재무상태표 차변	재무상태표 대변
현 금	320,000				(320,000)	
단기금융상품	(100,000)				(100,000)	
외 상 매 출 금	(200,000)				200,000	
상 품	200,000				(200,000)	
비 품	100,000				(100,000)	
외 상 매 입 금		160,000				(160,000)
지 급 어 음		(80,000)				80,000
단 기 차 입 금		40,000				(40,000)
자 본 금		(535,000)				(535,000)
상품매출이익		120,000		(120,000)		
수 수 료 수 익		(30,000)		30,000		
종 업 원 급 여	(15,000)		(15,000)			
임 차 료	(4,000)		4,000			
광 고 선 전 비	6,000		(6,000)			
보 험 료	(15,000)		15,000			
이 자 비 용	5,000		5,000			
당 기 순 이 익			(105,000)			(105,000)
	965,000	965,000	(150,000)	(150,000)	920,000	(920,000)

---

07 결 산

1.

상 품 매 출 이 익	
손 익 320,000	××× 320,000

임 대 료	
손 익 80,000	××× 80,000

종 업 원 급 여	
××× 200,000	손 익 200,000

보 험 료	
××× 80,000	손 익 80,000

이 자 비 용	
××× 70,000	손 익 70,000

손	익
종업원급여 200,000	상품매출이익 320,000
보험료 80,000	임대료 80,000
이자비용 70,000	
자본금 50,000	
400,000	400,000

자 본 금	
	××× 1,000,000
	(손익) (50,000)

No.	구 분	차변과목	금액	대변과목	금액
(1)	수익계정 대체분개	상품매출이익 / 임 대 료	320,000 / 80,000	손 익	400,000
(2)	비용계정 대체분개	손 익	350,000	종업원급여 / 보 험 료 / 이자비용	200,000 / 80,000 / 70,000
(3)	당기순이익 대체분개	손 익	50,000	자 본 금	50,000

2.

상 품 매 출 이 익	
손 익 120,000	120,000

수 수 료 수 익	
손 익 30,000	30,000

종 업 원 급 여	
130,000	손 익 130,000

임 차 료	
27,000	손 익 27,000

광 고 선 전 비	
15,000	손 익 15,000

손	익
종업원급여 130,000	상품매출이익 120,000
임차료 27,000	수수료수익 30,000
광고선전비 15,000	자 본 금 22,000
172,000	172,000

자 본 금	
(손익) (22,000)	1,000,000

No.	구 분	차변과목	금액	대변과목	금액
(1)	수익계정 대체분개	상품매출이익 / 수수료수익	120,000 / 30,000	손 익	150,000
(2)	비용계정 대체분개	손 익	172,000	종업원급여 / 임 차 료 / 광고선전비	130,000 / 27,000 / 15,000
(3)	당기순손실 대체분개	자 본 금	22,000	손 익	22,000

3.

상 품 매 출 이 익		임 대 료	
손 익 280,000	280,000	손 익 20,000	20,000

종 업 원 급 여		세 금 과 공 과	
150,000	손 익 150,000	80,000	손 익 80,000

이 자 비 용	
30,000	손 익 30,000

손 익	
종업원급여 150,000	상품매출이익 280,000
세금과공과 80,000	임 대 료 20,000
이자비용 30,000	
자본금 40,000	
300,000	300,000

자 본 금	
	1,500,000
	(손익) (40,000)

No.	구 분	차변과목	금 액	대변과목	금 액
(1)	수익계정 대체분개	상품매출이익 임 대 료	280,000 20,000	손 익	300,000
(2)	비용계정 대체분개	손 익	260,000	종업원급여 세금과공과 이 자 비 용	150,000 80,000 30,000
(3)	당기순이익대체분개	손 익	40,000	자 본 금	40,000

4.

현 금 (1)		외 상 매 출 금 (2)	
380,000	130,000	450,000	320,000
	차기이월 250,000		차기이월 130,000
380,000	380,000	450,000	450,000
전기이월 250,000		전기이월 130,000	

상 품 (3)		단 기 차 입 금 (4)	
500,000	200,000	차기이월 50,000	50,000
	차기이월 300,000		전기이월 50,000
500,000	500,000		
전기이월 300,000			

외 상 매 입 금 (5)		자 본 금 (6)	
190,000	300,000	차기이월 520,000	500,000
차기이월 110,000			손 익 20,000
300,000	300,000	520,000	520,000
	전기이월 110,000		전기이월 520,000

이 월 시 산 표
202×년 12월 31일

차 변	원면	계 정 과 목	대 변
250,000	1	현 금	
130,000	2	외 상 매 출 금	
300,000	3	상 품	
	4	단 기 차 입 금	50,000
	5	외 상 매 입 금	110,000
	6	자 본 금	520,000
680,000			680,000

5.

현 금 (1)		외 상 매 출 금 (2)	
750,000	400,000	320,000	200,000
	차기이월 350,000		차기이월 120,000
750,000	750,000	320,000	320,000
전기이월 350,000		전기이월 120,000	

단 기 대 여 금 (3)		상 품 (4)	
100,000	차기이월 100,000	480,000	230,000
전기이월 100,000			차기이월 250,000
		480,000	480,000
건 물 (5)		전기이월 250,000	
80,000	차기이월 80,000	외 상 매 입 금 (6)	
전기이월 80,000		170,000	320,000
지 급 어 음 (7)		차기이월 150,000	
150,000	210,000	320,000	320,000
차기이월 60,000			전기이월 150,000
210,000	210,000	단 기 차 입 금 (8)	
	전기이월 60,000	차기이월 150,000	150,000
			전기이월 150,000

자 본 금 (9)		상 품 매 출 이 익 (10)	
차기이월 540,000	500,000	손 익 80,000	80,000
	손 익 40,000		
540,000	540,000		
	전기이월 540,000		

임 대 료 (11)		이 자 수 익 (12)	
손 익 15,000	15,000	손 익 5,000	5,000

종 업 원 급 여 (13)		보 험 료 (14)	
30,000	손 익 30,000	8,000	손 익 8,000

임 차 료 (15)		손 익 (18)	
5,000	손 익 5,000	종업원급여 30,000	상품매출이익 80,000
통 신 비 (16)		보 험 료 8,000	임 대 료 15,000
7,000	손 익 7,000	임 차 료 5,000	이자수익 5,000
이 자 비 용 (17)		통 신 비 7,000	
10,000	손 익 10,000	이자비용 10,000	
		자본금 40,000	
		100,000	100,000

이 월 시 산 표
202×년 12월 31일

차 변	원면	계 정 과 목	대 변
350,000	1	현 금	
120,000	2	외 상 매 출 금	
100,000	3	단 기 대 여 금	
250,000	4	상 품	
80,000	5	건 물	
	6	외 상 매 입 금	150,000
	7	지 급 어 음	60,000
	8	단 기 차 입 금	150,000
	9	자 본 금	540,000
900,000			900,000

6. (앞부분 정산표 대체분개)

구 분	차변과목	금 액	대변과목	금 액
수익계정 대체분개	상품매출이익 임 대 료 이 자 수 익	80,000 15,000 5,000	손 익	100,000
비용계정 대체분개	손 익	60,000	종업원급여 보 험 료 임 차 료 통 신 비 이 자 비 용	30,000 8,000 5,000 7,000 10,000
당기순이익 대체분개	손 익	40,000	자 본 금	40,000

재 무 상 태 표

파스칼상사 202×년 12월 31일 현재 단위:원

자 산	금 액	부채 · 자본	금 액
현금및현금성자산	350,000	매 입 채 무	210,000
매 출 채 권	120,000	단 기 차 입 금	150,000
단 기 금 융 자 산	100,000	자 본 금	500,000
상 품	250,000	당 기 순 이 익	40,000
건 물	80,000		
	900,000		900,000

포 괄 손 익 계 산 서

파스칼상사 202×년 1월 1일부터 12월 31일까지 단위:원

비 용	금 액	수 익	금 액
종 업 원 급 여	30,000	상 품 매 출 이 익	80,000
보 험 료	8,000	임 대 료	15,000
임 차 료	5,000	이 자 수 익	5,000
통 신 비	7,000		
이 자 비 용	10,000		
당 기 순 이 익	40,000		
	100,000		100,000

자 본 금 (9)
차기이월 205,000 | 200,000
손 익 5,000
205,000 | 205,000

수 수 료 수 익 (11)
손 익 3,000 | 3,000

종 업 원 급 여 (13)
24,000 | 손 익 24,000

통 신 비 (15)
4,000 | 손 익 4,000

임 차 료 (16)
8,000 | 손 익 8,000

이 자 비 용 (17)
6,000 | 손 익 6,000

상 품 매 출 이 익 (10)
손 익 45,000 | 45,000

잡 이 익 (12)
손 익 2,000 | 2,000

보 험 료 (14)
3,000 | 손 익 3,000

손 익 (18)

차변		대변	
종업원급여	24,000	상품매출이익	45,000
보험료	3,000	수수료수익	3,000
통신비	4,000	잡이익	2,000
임차료	8,000		
이자비용	6,000		
자본금	5,000		
	50,000		50,000

이 월 시 산 표

202×년 12월 31일

차 변	원면	계 정 과 목	대 변
30,000	1	현 금	
70,000	2	단 기 금 융 상 품	
50,000	3	외 상 매 출 금	
64,000	4	상 품	
86,000	5	토 지	
	6	외 상 매 입 금	25,000
	7	지 급 어 음	20,000
	8	단 기 차 입 금	50,000
	9	자 본 금	205,000
300,000			300,000

구 분	차변과목	금 액	대변과목	금 액
수익계정 대체분개	상품매출이익 수수료수익 잡 이 익	45,000 3,000 2,000	손 익	50,000
비용계정 대체분개	손 익	45,000	종업원급여 보 험 료 통 신 비 임 차 료 이 자 비 용	24,000 3,000 4,000 8,000 6,000
당기순이익 대체분개	손 익	5,000	자 본 금	5,000

재 무 상 태 표

대한상사 202×년 12월 31일 현재 단위:원

자 산	금 액	부채 · 자본	금 액
현금및현금성자산	30,000	매 입 채 무	45,000
단 기 금 융 자 산	70,000	단 기 차 입 금	50,000
매 출 채 권	50,000	자 본 금	200,000
상 품	64,000	당 기 순 이 익	5,000
토 지	86,000		
	300,000		300,000

6.

현 금 (1)
125,000 | 95,000
| 차기이월 30,000
125,000 | 125,000
전기이월 30,000 |

외 상 매 출 금 (3)
92,000 | 42,000
| 차기이월 50,000
92,000 | 92,000
전기이월 50,000 |

토 지 (5)
86,000 | 차기이월 86,000
전기이월 86,000 |

지 급 어 음 (7)
80,000 | 100,000
차기이월 20,000 |
100,000 | 100,000
| 전기이월 20,000

단 기 금 융 상 품 (2)
160,000 | 90,000
| 차기이월 70,000
160,000 | 160,000
전기이월 70,000 |

상 품 (4)
196,000 | 132,000
| 차기이월 64,000
196,000 | 196,000
전기이월 64,000 |

외 상 매 입 금 (6)
60,000 | 85,000
차기이월 25,000 |
85,000 | 85,000
| 전기이월 25,000

단 기 차 입 금 (8)
차기이월 50,000 | 50,000
| 전기이월 50,000

포괄손익계산서

대한상사   202×년 1월 1일부터 12월 31일까지   단위:원

비 용	금 액	수 익	금 액
종 업 원 급 여	24,000	상 품 매 출 이 익	45,000
보 험 료	3,000	수 수 료 수 익	3,000
통 신 비	4,000	잡 이 익	2,000
임 차 료	8,000		
이 자 비 용	6,000		
당 기 순 이 익	5,000		
	50,000		50,000

08 재무제표의 작성

기본연습문제

1.

재 무 상 태 표

자 산	금 액	부채 · 자본	금 액
현금및현금성자산	270,000	매 입 채 무	320,000
단 기 금 융 자 산	200,000	단 기 차 입 금	100,000
매 출 채 권	130,000	자 본 금	500,000
상 품	300,000	당 기 순 이 익	30,000
토 지	50,000		
	950,000		950,000

포 괄 손 익 계 산 서

비 용	금 액	수 익	금 액
종 업 원 급 여	135,000	상 품 매 출 이 익	150,000
보 험 료	10,000	임 대 료	30,000
임 차 료	20,000	잡 이 익	20,000
이 자 비 용	5,000		
당 기 순 이 익	30,000		
	200,000		200,000

2.

포 괄 손 익 계 산 서

비 용	금 액	수 익	금 액
종 업 원 급 여	50,000	상 품 매 출 이 익	240,000
광 고 선 전 비	39,000	수 수 료 수 익	30,000
통 신 비	24,000		
잡 비	5,000		
이 자 비 용	2,000		
당 기 순 이 익	150,000		
	270,000		270,000

재 무 상 태 표

자 산	금 액	부채 · 자본	금 액
현금및현금성자산	185,000	매 입 채 무	365,000
매 출 채 권	350,000	단 기 차 입 금	100,000
상 품	80,000	자 본 금	700,000
건 물	700,000	당 기 순 이 익	150,000
	1,315,000		1,315,000

3.

손 익

종 업 원 급 여	65,000	상 품 매 출 이 익	(150,000)
보 험 료	(20,000)	이 자 수 익	(10,000)
광 고 선 전 비	(25,000)		
(자 본 금)	(50,000)		
	(160,000)		(160,000)

포 괄 손 익 계 산 서

종 업 원 급 여	(65,000)	상 품 매 출 이 익	150,000
보 험 료	20,000	이 자 수 익	(10,000)
광 고 선 전 비	(25,000)		
당 기 순 이 익	50,000		
	(160,000)		160,000

이 월 시 산 표

현 금	350,000	외 상 매 입 금	200,000
외 상 매 출 금	(150,000)	지 급 어 음	(150,000)
상 품	(200,000)	자 본 금	(850,000)
건 물	500,000		
	1,200,000		1,200,000

재 무 상 태 표

현금및현금성자산	(350,000)	매 입 채 무	350,000
매 출 채 권	150,000	자 본 금	(800,000)
상 품	(200,000)	당 기 순 이 익	50,000
건 물	(500,000)		
	(1,200,000)		(1,200,000)

기출확인문제

(1) ④   (2) ④   (3) ①   (4) ③   (5) ④
(6) ②

【해설】

2. 시산표 계정과목의 배열은 자산-부채-자본-수익-비용의 순서이다.

5. 이월시산표는 실제계정(자산·부채·자본계정)의 차기이월액을 집계하는 표로서 명목계정(수익·비용계정)은 집계하지 않는다. 단, 결산예비절차로 작성하는 합계·잔액시산표에는 수익·비용계정이 집계된다.

✎ **국가직무능력표준**(NCS, national competency standards)

직업기초능력평가문제

(1) ④   (2) ①   (3) ⑤   (4) ④   (5) ③
(6) ④   (7) ③   (8) ⑤

【 해설 】

1. 연구원이나 직원의 채용, 상품의 주문, 계약, 담보제공 등은 회계상의 거래가 아닌 일상 생활상의 거래이다. 그림에서 승연, 채호, 주호, 유라의 토론내용은 전부 회계상의 거래이다.

2. (가)는 교환거래이고 (나)는 손익거래이다. 보기의 거래를 분석하면 (ㄱ)은 (차) 부채의감소 (대) 자산의감소로 교환거래이고, (ㄴ)은 (차) 비용의 발생 (대) 자산의 감소로 손익거래이며, (ㄷ)은 (차) 부채의 감소, 비용의발생 (대) 자산의 감소로 혼합거래이다.

3. 왼쪽(차변)합계액과 오른쪽(대변)합계액이 일치되는 원리는 대차평균의 원리로서 자기검증기능이 있다.

4. 일기장, 분개장, 원장은 장부조직 중 주요부에 속하고 재무제표는 아니다. 오늘날 분개장에 기록된 내용을 원장에 옮기는 절차를 전기라고 하며, 분개장에 기록된 내용을 그대로 원장에 전기하므로 반대로 원장의 기록내용으로 분개장의 분개 형태를 추정할 수 있다. 회계가 전산시스템이 되더라도 분개장과 원장은 필수 장부이다.

5. • 철수 : 상품계정은 자산이므로 차변에 잔액이 생긴다.
   • 지혜 : 세금과공과계정은 비용이므로 차변에 잔액이 생긴다.

6. (가)는 시산표작성으로 추정을 하여야 하고, 시산표는 원장의 합계와 잔액을 집계한 표로서 전기의 정확성 여부를 검증하는 표이다. (ㄱ)은 재무제표작성으로 후절차에 속하고, (ㄷ)은 분개장에 대한 설명이다.

7. (가)는 결산의 본 절차로서 총계정원장의 마감과 분개장과 기타장부의 마감이 속하며, 보기의 (ㄱ)은 결산보고서 작성절차(후절차)이며 (ㄷ)은 예비절차에 속한다.

8. (가)는 수익계정을 손익계정 대변으로 대체하는 분개이고 (나)는 비용계정을 손익계정 차변에 대체하는 분개의 기록이다.

부록 1. 분개 문제 150선

(1) (차) 수수료비용 2,000,000 (대) 현 금 2,000,000
(2) (차) 현 금 2,000,000 (대) 상 품 3,500,000
      외상매출금 1,500,000
(3) (차) 접 대 비 150,000 (대) 보 통 예 금 150,000
(4) (차) 복리후생비 55,000 (대) 미 지 급 금 55,000
(5) (차) 복리후생비 350,000 (대) 현 금 350,000
(6) (차) 보 관 료 150,000 (대) 현 금 150,000
(7) (차) 기 부 금 3,000,000 (대) 현 금 3,000,000
(8) (차) 비 품 300,000 (대) 현 금 335,000
      소 모 품 비 35,000
(9) (차) 이 자 비 용 5,000 (대) 현 금 5,000
(10) (차) 상 품 500,000 (대) 당 좌 예 금 500,000
(11) (차) 접 대 비 700,000 (대) 미 지 급 금 700,000
(12) (차) 수 선 비 150,000 (대) 현 금 150,000
(13) (차) 세금과공과 570,000 (대) 현 금 570,000
(14) (차) 복리후생비 500,000 (대) 보 통 예 금 500,000
(15) (차) 외상매입금 120,000 (대) 현 금 120,000
(16) (차) 복리후생비 1,000,000 (대) 현 금 1,000,000
(17) (차) 통 신 비 4,000 (대) 현 금 4,000
(18) (차) 현 금 250,000 (대) 외상매출금 250,000
(19) (차) 상 품 508,000 (대) 외상매입금 500,000
      현 금 8,000
(20) (차) 현 금 20,000 (대) 수수료수익 20,000
(21) (차) 통 신 비 120,000 (대) 현 금 120,000
(22) (차) 당 좌 예 금 280,000 (대) 상 품 200,000
      상품매출이익 80,000
(23) (차) 세금과공과 50,000 (대) 현 금 50,000
(24) (차) 분 개 없 음
(25) (차) 자 본 금 1,500,000 (대) 현 금 1,500,000
(26) (차) 잡 손 실 620,000 (대) 현 금 620,000
(27) (차) 현 금 200,000 (대) 당 좌 예 금 200,000
(28) (차) 자 본 금 500,000 (대) 현 금 500,000
(29) (차) 수수료비용 300,000 (대) 보 통 예 금 300,000
(30) (차) 비 품 2,500,000 (대) 미 지 급 금 2,500,000
(31) (차) 현 금 5,000 (대) 이 자 수 익 5,000
(32) (차) 광고선전비 5,000,000 (대) 당 좌 예 금 5,000,000
(33) (차) 단기차입금 500,000 (대) 보 통 예 금 520,000
      이 자 비 용 20,000
(34) (차) 소 모 품 비 100,000 (대) 현 금 100,000
(35) (차) 교육훈련비 1,000,000 (대) 현 금 1,000,000
(36) (차) 외상매출금 500,000 (대) 상 품 380,000
      운 반 비 20,000   상품매출이익 120,000
                           현 금 20,000
(37) (차) 접 대 비 20,000 (대) 현 금 20,000
(38) (차) 수도광열비 120,000 (대) 현 금 120,000
(39) (차) 기 계 장 치 1,500,000 (대) 현 금 1,000,000
                              미 지 급 금 500,000
(40) (차) 현 금 20,000 (대) 잡 이 익 20,000
(41) (차) 소 모 품 비 10,000 (대) 현 금 10,000
(42) (차) 현 금 253,000 (대) 단기대여금 250,000
                          이 자 수 익 3,000
(43) (차) 외상매입금 150,000 (대) 당 좌 예 금 150,000
(44) (차) 교육훈련비 200,000 (대) 현 금 200,000
(45) (차) 상 품 200,000 (대) 현 금 200,000
(46) (차) 분 개 없 음
(47) (차) 비 품 500,000 (대) 현 금 500,000
(48) (차) 상 품 600,000 (대) 당 좌 예 금 400,000
                          지 급 어 음 200,000
(49) (차) 단기대여금 150,000 (대) 현 금 150,000
(50) (차) 받 을 어 음 500,000 (대) 상 품 300,000
                          상품매출이익 200,000
(51) (차) 당 좌 예 금 4,500,000 (대) 선 수 금 4,500,000
(52) (차) 외상매입금 200,000 (대) 지 급 어 음 200,000
(53) (차) 선급보험료 240,000 (대) 현 금 240,000
(54) (차) 정 기 예 금 800,000 (대) 현 금 800,000
(55) (차) 현 금 150,000 (대) 상 품 200,000
      상품매출손실 50,000
(56) (차) 당기손익-공정가치측정금융자산 500,000 (대) 당 좌 예 금 500,000
(57) (차) 통 신 비 125,000 (대) 현 금 125,000
(58) (차) 선 급 금 200,000 (대) 현 금 200,000
(59) (차) 토 지 5,000,000 (대) 현 금 5,000,000
(60) (차) 현 금 150,000 (대) 임 대 료 150,000

(61) (차) 보 통 예 금 300,000 (대) 현 금 300,000
(62) (차) 미 수 금 200,000 (대) 비 품 200,000
(63) (차) 광 고 선 전 비 40,000 (대) 현 금 40,000
　　　▶ 인쇄목적이 광고용이므로 '도서인쇄비'로 처리하면 오답.
(64) (차) 분 개 없 음
(65) (차) 여 비 교 통 비 15,000 (대) 현 금 15,000
(66) (차) 현 금 3,000,000 (대) 외 상 매 출 금 8,000,000
　　　보 통 예 금 5,000,000
(67) (차) 미 지 급 금 230,000 (대) 현 금 230,000
(68) (차) 선 급 금 500,000 (대) 보 통 예 금 500,000
(69) (차) 차 량 유 지 비 50,000 (대) 현 금 50,000
(70) (차) 비 품 730,000 (대) 현 금 730,000
(71) (차) 현 금 800,000 (대) 자 본 금 800,000
(72) (차) 현 금 100,000 (대) 잡 이 익 100,000
(73) (차) 현 금 320,000 (대) 상 품 380,000
　　　당 좌 예 금 200,000 　상 품 매 출 이 익 140,000
(74) (차) 수 도 광 열 비 145,780 (대) 보 통 예 금 145,780
(75) (차) 복 리 후 생 비 100,000 (대) 현 금 100,000
(76) (차) 현 금 1,000,000 (대) 상 품 2,400,000
　　　외 상 매 출 금 2,000,000 　상 품 매 출 이 익 600,000
(77) (차) 보 험 료 500,000 (대) 현 금 500,000
(78) (차) 보 통 예 금 500,000 (대) 단 기 차 입 금 500,000
(79) (차) 자 본 금 50,000 (대) 상 품 50,000
(80) (차) 장 기 대 여 금 1,000,000 (대) 현 금 1,000,000
(81) (차) 미 수 금 230,000 (대) 비 품 230,000
(82) (차) 현 금 2,000,000 (대) 단 기 차 입 금 500,000
　　　건 물 3,000,000 　자 본 금 4,500,000
(83) (차) 외 상 매 입 금 300,000 (대) 현 금 300,000
(84) (차) 종 업 원 급 여 200,000 (대) 현 금 200,000
(85) (차) 소 모 품 비 29,000 (대) 현 금 29,000
(86) (차) 현 금 50,000 (대) 미 수 금 50,000
(87) (차) 접 대 비 85,000 (대) 미 지 급 금 85,000
(88) (차) 당기손익-공정가치측정금융자산 500,000 (대) 현 금 500,000
(89) (차) 당 좌 예 금 2,000,000 (대) 현 금 2,000,000
(90) (차) 건 물 3,000,000 (대) 현 금 3,000,000
(91) (차) 상 품 100,000 (대) 외 상 매 입 금 100,000
(92) (차) 복 리 후 생 비 50,000 (대) 접 대 비 50,000
(93) (차) 단 기 대 여 금 750,000 (대) 당 좌 예 금 750,000
(94) (차) 도 서 인 쇄 비 50,000 (대) 현 금 50,000
(95) (차) 현 금 300,000 (대) 외 상 매 출 금 300,000
(96) (차) 임 차 료 420,000 (대) 현 금 420,000
(97) (차) 현 금 300,000 (대) 당 좌 예 금 300,000
(98) (차) 현 금 50,000 (대) 선 수 금 50,000
(99) (차) 분 개 없 음
(100) (차) 복 리 후 생 비 500,000 (대) 미 지 급 금 700,000
　　　접 대 비 200,000
(101) (차) 복 리 후 생 비 50,000 (대) 현 금 50,000
(102) (차) 복 리 후 생 비 300,000 (대) 현 금 300,000
(103) (차) 현 금 1,000,000 (대) 단 기 차 입 금 200,000
　　　 　자 본 금 800,000
(104) (차) 복 리 후 생 비 48,000 (대) 현 금 48,000
(105) (차) 복 리 후 생 비 100,000 (대) 현 금 100,000
(106) (차) 임 차 료 200,000 (대) 현 금 200,000

(107) (차) 접 대 비 250,000 (대) 현 금 250,000
(108) (차) 접 대 비 50,000 (대) 현 금 50,000
(109) (차) 접 대 비 100,000 (대) 현 금 100,000
(110) (차) 광 고 선 전 비 80,000 (대) 현 금 80,000
(111) (차) 광 고 선 전 비 150,000 (대) 현 금 150,000
(112) (차) 차 량 유 지 비 30,000 (대) 현 금 30,000
(113) (차) 차 량 유 지 비 5,000 (대) 현 금 5,000
(114) (차) 차 량 유 지 비 10,000 (대) 현 금 10,000
(115) (차) 기 부 금 500,000 (대) 현 금 500,000
(116) (차) 소 모 품 비 9,000 (대) 현 금 9,000
(117) (차) 잡 비 10,000 (대) 현 금 10,000
(118) (차) 기 부 금 200,000 (대) 현 금 200,000
(119) (차) 복 리 후 생 비 300,000 (대) 현 금 300,000
(120) (차) 비 품 1,000,000 (대) 당 좌 예 금 300,000
　　　 　미 지 급 금 700,000
(121) (차) 수 도 광 열 비 57,560 (대) 보 통 예 금 57,560
(122) (차) 복 리 후 생 비 250,000 (대) 현 금 250,000
(123) (차) 접 대 비 50,000 (대) 현 금 50,000
(124) (차) 분 개 없 음
(125) (차) 차 량 운 반 구 8,000,000 (대) 현 금 2,000,000
　　　 　미 지 급 금 6,000,000
(126) (차) 손 익 100,000 (대) 자 본 금 100,000
(127) (차) 현 금 10,000 (대) 잡 이 익 10,000
(128) (차) 여 비 교 통 비 30,000 (대) 현 금 30,000
(129) (차) 도 서 인 쇄 비 15,000 (대) 현 금 15,000
(130) (차) 수 수 료 비 용 120,000 (대) 현 금 120,000
(131) (차) 외 상 매 입 금 80,000 (대) 보 통 예 금 81,000
　　　수 수 료 비 용 1,000
(132) (차) 현 금 2,000,000 (대) 상 품 5,000,000
　　　외 상 매 입 금 3,000,000
(133) (차) 보 통 예 금 6,800,000 (대) 단 기 차 입 금 7,000,000
　　　이 자 비 용 200,000
(134) (차) 보 통 예 금 10,000,000 (대) 장 기 차 입 금 10,000,000
(135) (차) 기 부 금 3,000,000 (대) 현 금 3,000,000
(136) (차) 미 지 급 금 520,000 (대) 보 통 예 금 520,000
(137) (차) 단 기 대 여 금 1,000,000 (대) 현 금 1,000,000
(138) (차) 보 통 예 금 3,000,000 (대) 외 상 매 출 금 3,000,000
(139) (차) 단 기 대 여 금 3,000,000 (대) 외 상 매 출 금 3,000,000
(140) (차) 임 차 료 1,500,000 (대) 현 금 1,500,000
(141) (차) 종 업 원 급 여 250,000 (대) 현 금 250,000
　　　▶ (141)번은 '잡급'으로 처리할 수도 있다.
(142) (차) 기 부 금 2,000,000 (대) 현 금 2,000,000
(143) (차) 차 량 유 지 비 150,000 (대) 현 금 150,000
(144) (차) 인 출 금 600,000 (대) 현 금 600,000
(145) (차) 복 리 후 생 비 100,000 (대) 보 통 예 금 200,000
　　　접 대 비 100,000
(146) (차) 복 리 후 생 비 600,000 (대) 미 지 급 금 1,000,000
　　　접 대 비 400,000
(147) (차) 운 반 비 30,000 (대) 현 금 30,000
(148) (차) 광 고 선 전 비 500,000 (대) 현 금 500,000
(149) (차) 여 비 교 통 비 12,500 (대) 현 금 12,500
(150) (차) 광 고 선 전 비 600,000 (대) 미 지 급 금 600,000

부록 2. 전표회계

1.

입 금 전 표	
단기차입금	500,000

입 금 전 표	
외상매출금	800,000

입 금 전 표	
임 대 료	100,000

출 금 전 표	
보 험 료	120,000

출 금 전 표	
외상매입금	200,000

출 금 전 표	
수도광열비	50,000

대 체 전 표			
비 품	200,000	미지급금	200,000

대 체 전 표			
상 품	300,000	외상매입금	300,000

대 체 전 표			
외상매입금	150,000	당좌예금	150,000

대 체 전 표			
당좌예금	60,000	이자수익	60,000

출 금 전 표	
상 품	100,000

대 체 전 표			
상 품	200,000	외상매입금	200,000

2.

대 체 전 표			
비 품	500,000	미지급금	500,000

출 금 전 표	
통 신 비	30,000

입 금 전 표	
이 자 수 익	40,000

입 금 전 표	
외상매출금	250,000

대 체 전 표			
상 품	200,000	외상매입금	200,000

출 금 전 표	
외상매입금	300,000

대 체 전 표			
외상매입금	200,000	당좌예금	200,000

입 금 전 표	
상 품	100,000

대 체 전 표			
외상매출금	160,000	상 품	160,000

대 체 전 표			
당좌예금	100,000	외상매출금	100,000

부록 3. 대한상공회의소 대비

1. ②	2. ④	3. ③	4. ③	5. ④
6. ①	7. ①	8. ①	9. ③	10. ②
11. ②	12. ③	13. ②	14. ②	15. ①
16. ④	17. ②	18. ④	19. ②	20. ①
21. ②				

[해설]

1. 회계의 목적은 기업의 재무상태와 경영성과를 모든 회계정보이용자들에게 제공하는 것이다. 경영진에게는 미래의 경영계획의 수립을 위해, 투자자에게는 투자 수익성과 투자 위험도 평가를 위해..... 회사의 인적역량강화는 회계의 목적과 관련이 없는 회사 내부적인 조직에 관한 문제이다.

2. 회계 기간의 시작 시점을 기초라 한다. 모든 기업의 회계 기간은 3개월 또는 6개월 또는 1년으로 할 수 있다. 보기3번은 회계 단위(회계 범위)에 대한 설명이다.

3. (가+다+마) - (나+라+바) = 2,000

4. 보기3번은 (차) 비용의 발생 (대) 자산의 감소 이므로 손익거래이다.

5. 분개 다음에는 총계정원장에 옮기는 것이 '전기'이고, 장부 마감은 '결산'이다.

6. 거래처 직원의 축의금지급이나 식사대금은 접대비계정으로, 불우이웃 돕기성금의 지급은 기부금계정으로 처리한다.

7. 박스 안의 현금+상품+매출채권+비품-매입채무 = 310,000의 기말자본금에서 기초자본금 300,000을 차감하면 된다.

8. 일정기간의 재무성과를 알려주는 보고서는 포괄손익계산서이다.

9. 본사 직원에 대한 체육대회 행사비, 야유회 비용 등은 복리후생비 계정으로 처리한다.

10. 수익총액-비용총액=50,000의 순이익이 산출되고 300,000-50,000 =250,000의 기말자본에서 순이익 50,000을 차감하면 ₩200,000이 된다.

16. 먼저 잘못된 이월시산표를 바르게 작성하면 대변에 기록된 상품을 차변으로 옮기고, 차변에 기록된 미지급금을 대변으로 옮긴 후 대·차 합계액을 730,000원으로 일치 시킨 후 보기를 분석하면 ① 매출채권은 받을어음+외상매출금 = 180,000원이고, ② 당기순이익은 파악할 수가 없는 이유는 이월시산표 대변의 자본금 180,000원은 기말자본금이다. 즉 기초자본금이 주어졌다면 서로 비교해서 당기순이익을 계산할 수 있기 때문이다. ③ 기말자산은 현금+상품+받을어음+외상매출금 =730,000원, ④ 기말상품재고액은 이월시산표 상품 계정의 금액 250,000원이다.

17. 회사 전화요금-통신비, 거래처 직원과 식사-접대비, 불우이웃 돕기성금-기부금, 회사 홍보용 기념품 제작비-광고선전비로 처리한다. 복리후생비는 회사 종업원 회식대, 경조사비용 등이다.

18. 분개는 (차) 상품 500,000 (대) 외상매입금 500,000이다.

19. 의류도매업을 경영하는 기업이 업무용 책상, 의자를 구입하면 상품이 아니라 비품으로 처리한다. 분개는 (차) 비품 1,000,000 (대) 미지급금 1,000,000이다.

20. 7/9은 복리후생비, 7/16은 여비교통비, 7/23은 임차료로 처리한다. 접대비는 거래처 직원의 경조사비나 식사대 등이다.

21. (가)는 결산의 본 절차이다. [보기]의 (ㄱ)은 본절차, (ㄴ)은 결산보고서 작성 절차, (ㄷ)은 본 절차, (ㄹ)은 예비절차이다.